AROMAWASSER

SUSAN MARQUE

AROMA WASSER

DIE BESTEN REZEPTE

Weltbild

Bibliografische Information der Deutschen Nationalbibliothek:
Die Deutsche Nationalbibliothek verzeichnet diese Publikation in der Deutschen Nationalbibliografie; detaillierte bibliografische Daten sind im Internet über http://d-nb.de abrufbar.

Genehmigte Sonderausgabe für Weltbild GmbH & Co. KG,
Werner-von-Siemens-Str. 1, 86159 Augsburg

© 2016 by riva Verlag, ein Imprint der Münchner Verlagsgruppe GmbH

© der Originalausgabe 2015 by Rockridge Press, Berkeley, California

Die amerikanische Originalausgabe erschien 2015 bei Rockridge Press, Berkeley, California, unter dem Titel *Fruit Infused Water*.

Übersetzung: Barbara Riedel
Redaktion: Marc Strittmatter
Umschlaggestaltung: Maria Seidel, atelier-seidel.de
Umschlagabbildung: istockphoto
Abbildungen Innenteil: Bild 1 © shutterstock/beldesigne; Bild 2 © shutterstock/Yeko Photo Studio; Bild 3 © shutterstock /Africa Studio; Bild 4 © shutterstock/Melica; Bild 5 © shutterstock/beldesigne; Bild 6 © shutterstock/Shaiith; Bild 7 © shutterstock/Sidhe; Bild 8 © shutterstock/denio109; Bild 9 © shutterstock/Alena Brozova; Bild 10 © shutterstock/Crystal Sykes; Bild 11 © shutterstock/Bonnarina; Bild 12 © shutterstock/Odua Images; Bild 13 © shutterstock/Anna Sedneva; Bild 14 © shutterstock/Efired; Bild 15 © shutterstock/Alena Haurylik; Bild 16 © shutterstock/zarzamora; Bild 17 © shutterstock/Raisa Kanareva; Bild 18 © shutterstock/Anneka; Bild 19 © shutterstock/artpritsadee; Bild 20 © shutterstock/ziashusha; Bild 21 © shutterstock/Elena Shashkina; Bild 22 © shutterstock/viki2win; Bild 23 © shutterstock/pamuk; Bild 24 © shutterstock/STILLFX; Bild 25 © shutterstock/Shulevskyy Volodymyr; Bild 26 © shutterstock/JIANG HONGYAN; Bild 27 © shutterstock/Elena Shashkina; Bild 28 © shutterstock/Alexander Mazurkevich; Bild 29 © shutterstock/Marina Grau; Bild 32 © shutterstock/Africa Studio
Satz: Daniel Förster, Belgern
Druck: Florjancic tisk d.o.o., Slowenien
Printed in the EU

ISBN Print: 978-3-8289-2864-0

2019 2018 2017
Die letzte Jahreszahl gibt die aktuelle Sonderausgabe an.
Einkaufen im Internet: www.weltbild.de

Für meine Eltern

Inhalt

TEIL ZWEI:
DIE REZEPTE

ZUR BENUTZUNG DIESES BUCHES

Aromawasser ist eine schnelle und einfache Einführung in das Thema Aromawasser, das oft auch Fruit Infused Water genannt wird. Dieses Buch zeigt Ihnen die Grundlagen des Aromawassers und seine Vorteile für Ihre Gesundheit.

Auf Seite 23 geht es um die ZUTATEN. Sie erfahren, welche Früchte sich besonders eignen und welche weniger wirksam sind.

Seite 18 enthält Empfehlungen, worauf Sie bei der Wahl des Wassers achten können.

Wenn Sie DIREKT LOSLEGEN wollen, finden Sie im 3. Kapitel ab Seite 35 »Aromawasser zubereiten« einfache Anweisungen.

Sobald Sie gelernt haben, mit Ihrem AROMAWASSER-KRUG umzugehen, können Sie zu Kapitel 4 (Seite 47) »Aromawasser in nur einem Schritt« übergehen.

Weitere Aromawasser-Rezepte warten in den Kapiteln 5 bis 13 auf Sie.

Einführung

Wasser mit Geschmack gibt es wahrscheinlich schon so lange wie die Menschheit, wenn man bedenkt, dass Kokosnüsse und Kürbisse bereits ihr Aroma an Wasser abgaben, als wir deren Schalen noch als Tassen benutzten. Es gilt als elegant, eine Scheibe Zitrone ins Glas zu geben, und in Ländern, in denen die Zitrone das Wasser desinfiziert, ist es schlicht praktisch. Später haben Spas herausgefunden, welche erfrischende Wirkung Wasser mit Früchten hat und wie glücklich es die Kunden macht. Heute kann jeder sein eigenes Aromawasser zubereiten, das am Ende vielleicht sogar besser schmecken wird als die vorherigen Lieblingsgetränke.

Jedes einzelne Rezept in diesem Buch soll dazu anregen, mit eigenen, einfachen und leckeren Fruchtkombinationen durchzustarten. Kreativität ist gefragt, indem die Zutaten verschiedener Rezepte miteinander vermischt und aufeinander abgestimmt werden. Am Ende ist es nämlich nur der persönliche Geschmack, der zählt. Aromawasser ist ein wunderbarer Weg, zusätzliche Wirkung aus dem Wasser zu ziehen. Es hat vielen Menschen geholfen, ihren Wasserhaushalt zu erhöhen und daran auch noch Freude zu haben. Es gibt zudem Berichte über einen besseren Energiehaushalt, sauberere Haut und über die Linderung kleinerer Leiden wie zum Beispiel Kopfschmerzen und andere Schmerzen.

Man sollte spielerisch an die Sache herangehen, indem man neue Fruchtkombinationen kreiert, und Spaß daran hat, neue Küchengeräte für Aromawasser zu verwenden. Kaufen Sie frische und saisonale Zutaten auf dem heimischen Wochenmarkt. Man macht das Beste aus Aromawasser, indem man die frischesten und gesündesten Zutaten verwendet. Wer neugierig ist, wie diese schmecken oder welche gesundheitlichen Vorteile sie bieten, findet in diesem Buch den perfekten Einstieg. Lehnen Sie sich also zurück und erfahren Sie auf den nächsten Seiten, wie Wasser mit natürlichem Fruchtgeschmack Teil der täglichen Ernährung werden kann.

TEIL EINS

DIE KUNST DER ZUBEREITUNG

Kapitel

1

Die Schönheit
des Wassers

Unser Lebenselixier

Etwa 70 Prozent des Planeten, auf dem wir leben, sind von Wasser bedeckt. Unser aller Körper besteht zu 60 bis 70 Prozent aus Wasser. Wasser ist der größte Bestandteil nahezu jeden Körperteils, und auch wenn die Luft fürs Überleben ein klein wenig wichtiger ist, kann man ohne Wasser nicht lange am Leben bleiben. Jeder weiß es: Je heißer es wird, desto mehr schwitzt man und desto mehr Wasser benötigt der Körper, um nicht auszutrocknen. Schwitzen ist die Klimaanlage des Körpers, denn Schweiß, der verdunstet, kühlt den Körper.

Nicht jedem ist klar, dass Wasser auch für eine gute Verdauung benötigt wird. Man sagt, die Verdauung ist der »Sitz der Gesundheit« und wenn man nicht genügend Wasser trinkt, seien sowohl Nahrungsaufnahme als auch Ausscheidung beeinträchtigt. Es ist wichtig zwischen, vor und während der Mahlzeiten genügend Wasser zu sich zu nehmen, sodass die Prozesse im Körper reibungslos ablaufen können. Wasser hilft auch, die Gelenke zu schmieren, und bringt die Nährstoffe zu den Zellen. Was nicht gebraucht wird, holt es aus den Zellen heraus und trägt auf diese Weise dazu bei, dass man sich vital fühlt und frisch aussieht. Der beste Weg, um sicherzustellen, dass unser Körper funktioniert, ist, ihn mit genügend Wasser zu versorgen.

Während eines Tages nehmen wir die größte Menge Wasser über Getränke auf – etwa 80 Prozent. Nahrungsmittel tragen etwa 20 Prozent zur Gesamtmenge bei. Diese Zahl ist ein wenig höher, wenn man sich hauptsächlich von Gemüse, Obst und Vollkorn ernährt. Zu wenig Wasser zu trinken kann erhebliche Auswirkungen auf den Stoffwechsel haben: Abfallstoffe und Fette können nicht richtig abgebaut werden. Dies ist einer der Gründe, warum Menschen, die ihren Durst mit zuckerreichen Softdrinks löschen und nicht genug Wasser trinken, häufig Probleme mit dem Fettabbau haben.

Auch um unser Idealgewicht zu halten, ist Wasser nützlich. Hunger und Durst kann man leicht miteinander verwechseln. Man denkt also häufig, man sei hungrig, obwohl man in Wirklichkeit durstig ist. Wenn man die richtige Menge Wasser trinkt, kann es dazu führen, dass man deutlich weniger isst, was vor allem in Verbindung mit gesunder Ernährung für gewöhnlich zu einer schlankeren Figur führt.

Einer der häufigsten Gründe, warum viele Menschen nicht genügend Wasser trinken, ist, dass es keinen natürlichen Geschmack hat. Wenn Wasser nicht gut schmeckt, ist es schwierig, so viel zu trinken, wie der Körper benötigt. Wasser ist wie eine Art Liefersystem. Durch Softdrinks gelangen Chemikalien und Verunreinigungen in den Körper, sodass die Organe herausfiltern müssen, was der Körper nicht gebrauchen kann. Das ist harte Arbeit. Wer wirklich für seinen Körper sorgen möchte, sollte ihm ausschließlich

Substanzen zuführen, die seine Gesundheitsfunktion unterstützen und ihn nicht an der Arbeit hindern. Wer viel Wasser trinkt und sich gut um seinen Körper kümmert, wird zudem weitere Veränderungen feststellen: sauberere Haut, einen flacheren Bauch, mehr Energie, Ausdauer, Stärke und vieles mehr. Auch wenn Wasser als Nährstoff manchmal nicht genügend Aufmerksamkeit erhält, ist es einer der wichtigsten Inhaltsstoffe, der uns zur Verfügung steht.

Besser als Limonade

Es gibt unzählige Bücher, die zeigen, wie gefährlich Zucker ist. Es gibt verarbeiteten weißen oder braunen Zucker in verschiedenen Formen mit unterschiedlichen Namen, aber alle machen abhängig. Zucker hat ein sehr hohes Suchtpotenzial, und Wissenschaftler konnten nachweisen, dass seine Wirkung, abhängig zu machen, der von Kokain ähnelt. So kann man nachvollziehen, auf welche Weise Zucker zu verschiedenen modernen Leiden beitragen kann. Diabetes, Herz- und Kreislauferkrankungen sowie Gewichtszunahme stehen alle im Zusammenhang mit übermäßigem Zuckerkonsum. Zuckerzusätze haben in der Ernährung verschiedene Quellen: Süßigkeiten machen dabei nur etwa 6 Prozent dieser Zuckerzusätze aus, während der Anteil von Limonade erstaunliche 36 Prozent beträgt. Zucker wird sogar bereits gesüßten Speisen wie Fruchtsäften und anderen Getränken beigefügt, sodass sie für den Körper keine gute Energiequelle mehr bieten, sondern vielmehr zur Last werden.

Den Körper mit Flüssigkeit versorgen!

Jeder Körper hat einen anderen Wasserbedarf: In ihrem Flyer *Richtig trinken – fit bleiben* gibt die Deutsche Gesellschaft für Ernährung e.V. an, dass jeder Erwachsene etwa 1,5 Liter pro Tag trinken sollte.

Dehydrierung ist gefährlich. Es beginnt mit Müdigkeit, wenn man nur ein Prozent seines Körpergewichts an Wasser verliert. Danach werden bei einem Wasserverlust von zwei Prozent die Gehirnfunktionen beeinträchtigt. Sobald jemand zehn Prozent seines Körpergewichts an Wasser verliert, kann diese Person sterben.

Man weiß, dass man nicht ausreichend Wasser getrunken hat, wenn man Dehydrierungssymptome wie einen schnelleren Herzschlag, Müdigkeit, trockene Haut, einen trockenen Mund oder trockene Augen ausmacht. Man sollte die Wasseraufnahme erhöhen, indem man Wasser trinkt, wasserreiche Lebensmittel isst und weniger trockene, harte und gebackene Lebensmittel konsumiert. Um sicherzustellen, dass man seinem Körper jeden Tag genug Wasser zuführt, kann man eine Karaffe füllen und sie in den Kühlschrank stellen. Daraus sollte das Glas während des Tages regelmäßig aufgefüllt werden. Die Karaffe dient auf diese Weise gleichzeitig als visuelle Erinnerung daran, ob genügend getrunken wurde.

Anmerkung: Im Falle von Krankheiten wie Durchfall, Erbrechen, hohem Fieber, Verbrennungen oder Traumata steigt der Wasserbedarf des Körpers erheblich an. Man sollte zudem mehr Wasser zu sich nehmen, wenn man an heißen Tagen Sport macht.

Wasser ist eine Substanz, die dem Körper ermöglicht, Nahrung aufzunehmen und die Nährstoffe, die er benötigt, zu verarbeiten. Es unterstützt dabei, einen klaren Kopf zu bewahren, sodass man sich konzentrieren und leistungsfähig sein kann. Getränke mit viel Zucker haben einen gegenteiligen Effekt und führen häufig zu Gewichtszunahme. Wenn man Zucker konsumiert, setzt der Körper ein Hormon namens Insulin frei, das den Zucker aus dem Blut herauszieht, sodass er für den Energiehaushalt verwendet werden kann. Überschüssiger Zucker wird als Fett gespeichert. Je mehr Zucker man konsumiert, desto höher ist der Insulinspiegel. Dies führt zu einer erhöhten Fetteinlagerung. Abgesehen davon kann dadurch das Hormon Leptin seine Arbeit nicht erledigen. Leptin ist für das Signal verantwortlich, das das Gehirn erhält, wenn man satt ist und somit aufhören sollte zu essen. Wenn Leptin diese Nachricht nicht an das Gehirn leiten kann, wird man vermutlich weiter die vielen Lebensmittel zu sich nehmen, die den Insulinspiegel in die Höhe treiben.

Das Internet ist voll mit Berichten von Menschen, die in wenigen Monaten fünf, zehn oder gar fünfzehn Kilo abgenommen hatten, indem sie die Finger von zuckerhaltiger Limonade gelassen haben. Unzählige Menschen haben verstanden, dass sie allein dadurch, dass sie Wasser statt Limonade trinken, auf gesunde Weise Gewicht verlieren können. Das entspricht etwa 500 Gramm bis ein Kilo pro Woche. Viele dieser Menschen haben zudem einen überraschenden Nebeneffekt feststellen können: Nach nur zwei Wochen hat ihnen Wasser besser geschmeckt, als es ihre zuckerhaltigen Getränke je getan haben. In der Dokumentation »Fed Up – Du bist, was du isst« aus dem Jahre 2014 wurde eine 10-Tages-Challenge entwickelt, die Menschen dabei unterstützen sollte, völlig auf Raffinadezucker zu verzichten. Dies galt ebenfalls für Smoothies und Säfte. (Aromawasser hingegen ist mit dem geringen Fruktosegehalt erlaubt und wird sogar empfohlen.) Die Macher der Dokumentation behaupten, dass man sich nach nur zwei bis drei Tagen besser fühlt und die Lust auf Zucker innerhalb von drei Wochen vergeht.

Wenn Wasser gut schmeckt, ist es deutlich einfacher, mehr davon zu trinken, den Körper mit ausreichend Wasser zu versorgen und einen gut funktionierenden Körper zu genießen. Einer der positiven Aspekte von Aromawasser ist, dass es einen hohen Nährwert hat, gleichzeitig aber nur sehr wenig Zucker enthält. Und noch wichtiger ist, dass es viel mehr Spaß macht, Wasser mit Fruchtgeschmack als stilles Wasser zu trinken. Auf diese Weise trinken die meisten Menschen automatisch mehr. Damit lässt sich also viel erreichen, und es ist zudem günstiger als Limonade. Sobald die ersten drei Wochen des Übergangs geschafft sind, wird es ganz einfach sein, von jedem zuckerhaltigen Getränk auf Wasser umzusteigen. Der Geschmack wird sich verändern, und das fruchtige Aromawasser wird süßer schmecken, als zu Beginn empfunden. Wer Aromawasser nutzt, um das Wassertrinken zu einem Erlebnis zu machen, wird sehen, dass die gesundheitlichen Auswirkungen das Beste an Aromawasser sind.

Viele Wasser

Gereinigtes Wasser wird häufig gefiltert, um Chlor, Fluorid und andere Chemikalien zu beseitigen, die in einigen Ländern in das örtliche Trinkwasser gemischt werden, um es trinkbar zu machen. Sinn der Beigabe von Chemikalien ist es, Menschen vor schädlichen Bakterien zu schützen und Löcher in den Zähnen zu verhindern. Brunnenwasser wird häufig auf natürliche Weise gefiltert und enthält normalerweise keinerlei Zusatzstoffe. Es schmeckt frisch, und es ist generell sicher, es aus dem Wasserhahn zu trinken, genauso wie gereinigtes Wasser. Wenn man Leitungswasser für einige Stunden in den Kühlschrank stellt, mag sich das Chlor verflüchtigen, das Fluorid und andere Unreinheiten hingegen bleiben. Es gibt kontroverse Diskussionen, ob die Substanzen wirklich gut für den Menschen sind.

Jeder sollte das Wasser verwenden, bei dem er ein gutes Gefühl hat, es zu trinken. Wer einfach das Chlor entfernen möchte, kann einen simplen Aktivkohle-Filter verwenden. Pur oder Brita sind zwei der bekanntesten Marken für Wasserfilter, die entweder in einer Kannenform erhältlich sind oder auf der Arbeitsplatte bzw. unter dem Spülbecken angebracht werden. Man sollte nicht vergessen, den Filter regelmäßig zu wechseln und dann die ersten beiden Kannen Wasser wegzugießen, die danach gefiltert werden, da sie Chlorüberreste enthalten können. Leitungswasser ist allgemein getestet und für sicher befunden. Ein Bericht über die Wasserqualität und alle Inhaltsstoffe des Leitungswassers kann bei den örtlichen Behörden angefordert werden.

Arbeitet man mit qualitativ hochwertigen Zutaten, werden auch gute Ergebnisse erzielt. Wer den Geschmack und das Gefühl von gefiltertem Wasser mag, sollte sich möglicherweise überlegen, in ein Filtersystem für sein Haus zu investieren, das wirkungsvoller ist als ein Aktivkohle-Filter und mit dem man seine Wasserflasche an jedem Wasserhahn im Haus auffüllen kann. Letztendlich liegt die Entscheidung bei jedem selbst, und man sollte sich für die Lösung entscheiden, bei der man sich am wohlsten fühlt.

Lassen Sie es sprudeln

Es besteht der Verdacht, dass Wasser mit Kohlensäure die Kalziumaufnahme verhindert, sodass es langfristig zu Knochenerkrankungen wie Osteoporose führen kann. Kritiker dieser Theorie haben schnell darauf verwiesen, dass für die Studie, auf der diese Theorie basiert, nur kohlensäurehaltige Getränke wie Cola herangezogen wurden und kein Mineralwasser. Wasser mit Kohlensäure zu versetzen kann eine interessante Alternative zu stillem Wasser sein. Mit Aromawasser kann man Wassertrinken zu einer Gaumenfreude machen.

Es gibt verschiedene Möglichkeiten, wie man Mineralwasser für Aromawasser verwenden kann. Alternativ gibt es die Möglichkeit, eine Seltersflasche zu kaufen, wie man sie aus Filmen der 1950er-Jahre kennt oder im Haus der Großeltern gesehen hat, und auf diese Weise eigenes Mineralwasser zu erstellen. Der SodaStream ist eine moderne Variante der Seltersflasche und bietet Kontrollmöglichkeiten darüber, wie spritzig das Wasser sein darf.

Natürlicher Geschmack

Inhaltsstoffe & Vitamine

Welche Lebensmittel sind am besten für Aromawasser geeignet? Anders als bei Tee wird der Geschmack der Früchte bei Aromawasser nicht durch Hitze aus den Zutaten gezogen. Für diese Getränke nutzt man möglichst frische und saftige Zutaten. Natürlich kann man auch ein wenig Kakaopulver, Zimt, Cayennepfeffer oder andere Gewürze hinzufügen, allerdings sollten die Hauptzutaten lecker und gut mit Wasser zu mischen sein. Melonen, Zitrusfrüchte, Beeren und sogar Bananen werden zu köstlichem Aromawasser und geben dem Wasser ein besonderes Aroma. Wer einmal gesehen hat, wie einfach die Rezepte zuzubereiten sind und wie viel Spaß sie machen, kann die Zutaten ganz nach Geschmack, Vorlieben und Wirkung wählen.

Um einen charakteristischen Geschmack zu erhalten, ist es ratsam, sich bei der Anzahl der Zutaten für Aromawasser auf einige wenige zu beschränken. Zu viele Zutaten können im wahrsten Sinne des Wortes den Geschmack verderben. Einige sind jedoch unglaublich erfrischend. Man kann auch Obst mit Gemüse mischen, um zu sehen, wie sich das auf den Geschmack auswirkt. Wer meint, Erbsen mit Minze und Birne oder Karotten mit Limetten und Salbei zu mischen höre sich lecker an, sollte die Kombinationen einfach ausprobieren.

Zitrusfrüchte sind eine natürliche Wahl für Aromawasser. Sie haben einen hohen Fruchtgehalt, der sich gut mit Wasser vermischt. Empfohlene Zitrusfrüchte für Aromawasser sind:

Grapefruit: Bekannt als Hilfe bei niedrigem Blutzuckerspiegel und als Unterstützung für die Leber, kann Grapefruit auch bei Verdauungsproblemen helfen.

Zitrone: Unterstützend für die Leber und als Verdauungshilfe. Zitronen haben eine antiseptische und antimikrobielle Wirkung und kühlen.

Limette: Ähnliche Wirkung wie Zitronen, mit größeren Auswirkungen auf die Leber. Zitronen und Limetten enthalten beide wasserlösliche Zitronensäure und sollen dabei helfen, den Körper basisch zu machen.

Orange: Hoher Vitamin C-Gehalt, mit dem Orangen dazu beitragen, dass Leber und Blut gereinigt werden.

Tangerine/Mandarine: Manche sagen, Mandarinen seien gut, um Schluckauf zu beenden. Sie sind aber definitiv gut für die Leber und die Verdauung, wie das auch bei anderen Zitrusfrüchten der Fall ist. Mandarinen sind auch gute Durstlöscher und lösen verstopfte Atemwege

Melonen enthalten so viel Wasser, dass sie einfach für Aromawasser zu verwenden sind. Empfohlene Melonenarten sind:

Cantaloupe-Melone: Da sie reich an Kalium sind, haben Zuckermelonen eine kühlende Wirkung und lindern wie alle Melonenarten Depressionen. Sie wirken harntreibend und beinhalten außerdem Adenosin, einen gerinnungs-hemmenden Stoff.

Crenshaw, Casaba,Honigmelone: Alle haben ähnliche gesundheitliche Auswirkungen wie die Cantaloupe-Melone.

Gurke: Gurke wirkt harntreibend sowie kühlend und hilft bei der Reinigung des Blutes. Einer ihrer Inhaltsstoffe ist Erepsin, ein Verdauungsenzym, das Proteine in seine Aminosäuren zerlegt.

Wassermelone: Durstlöschend und lindernd bei Depressionen. Wassermelone ist eine gute Quelle für Vitamin A und C sowie Kalium.

Beeren sind perfekt für Aromawasser. Ihr Wassergehalt ist hoch, und der Geschmack, der sich leicht vermischt, ist stark. Für Aromawasser empfohlene Beeren sind:

Brombeeren: Sie enthalten viel Vitamin C und sind dafür bekannt, dass sie die kognitiven Funktionen erhöhen. Sie wirken adstringierend und harntreibend.

Blaubeeren: Gute Quelle für Vitamin A und C sowie Mangan. Ähnlich wie Cranberrys haben Blaubeeren eine antibakterielle Wirkung, die zum Beispiel bei Harnröhren-erkrankungen gut sein kann.

Himbeeren: Stärken die Nieren, säubern das Blut und haben eine positive Wirkung auf die Leber. Himbeeren sind außerdem gut für ein besseres Sehen.

Erdbeeren: Haben sowohl antivirale als auch beruhigende Wirkung. Erdbeerduft wird in der Zahnmedizin häufig verwendet, um die Nerven zu beruhigen, und Erdbeerextrakt kann auf die Zähne und das Zahnfleisch aufgetragen werden, um Zahnstein zu entfernen und die Zähne zu stärken.

Jede Frucht, die Ihnen schmeckt, eignet sich für Aromawasser. Weichere Früchte sind einfacher zu vermischen und geben deswegen mehr Aroma an das Wasser ab. Andere Obstsorten, die für Aromawasser empfehlenswert sind:

Apfel: Äpfel reinigen die Leber, kühlen und sind gut für die Verdauung. Sie wirken außerdem durstlöschend und fiebersenkend.

Aprikose: Eine gute Quelle für Vitamin A und Karotin. Aprikosen können gegen einen trockenen Hals und trockenen Husten verwendet werden.

Banane: Durstlöschend und gegen Verstopfung. Bananen haben einen hohen Kaliumanteil.

Kirsche: Enthält Eisen, Phosphor, Kalium, Kalzium und Vitamin A. Kirschen wirken adstringierend und wärmend, wobei ihnen nachgesagt wird, dass sie Energie spenden.

Chili: Dieses Gemüse wirkt kühlend und kann den Appetit anregen. Es ist reich an Antioxidantien, Vitamin A und C sowie Lycopin, was gegen einige Krebsarten helfen kann.

Kokosnuss: Abgesehen von einigen Fettsäuren enthält Kokosnuss Mangan, Kupfer und Kalium. Es hilft bei Pilzinfektionen, wirkt antibakteriell, spendet Energie und ist reich an Antioxidantien.

Cranberry: Reich an Antioxidantien und eine gute Quelle für Proanthocyanidine, die Bakterien davon abhalten, sich in der Harnröhre oder in der Blase festzusetzen.

Feige: Hilft bei der Verdauung und kann zur Behandlung von Verstopfung verwendet werden. Wegen ihres hohen Kaliumgehalts wurden Feigen zur Behandlung von Furunkeln und Hämorrhoiden verwendet.

Traube: Gut für Nieren, Leber und Knochen. Trauben sind leicht verdaulich und enthalten Vitamin A, C und B-Komplex.

Kiwi: Durstlöschend und kühlt den Körper. Kiwis enthalten viel Vitamin C und Magnesium sowie Kalium. Sie sind reich an Antioxidantien und verringern das Risiko von Blutgerinnseln.

Mango: Eine gute Quelle für Vitamin A und C sowie Kalium. Mangos wirken kühlend und durststillend.

Nektarine: Viel Vitamin A und C. Nektarinen enthalten Antioxidantien und sind häufig süßer als Pfirsiche.

Papaya: Enthält Carpaine, ein guter Stoff gegen Tumorwachstum. Wie Kirschen wirken auch Papayas eher wärmend als kühlend. Sie enthalten viel Papain, ein Enzym, das bei der Spaltung von Proteinen hilft und die Verdauung unterstützt.

Pfirsich: Reich an Vitamin A und C sowie Kalzium. Pfirsiche stopfen und sind ein gutes Mittel zur Hautstraffung.

Birne: Das Pektin in Birnen kann Cholesterin senken und Toxine ausspülen. Birnen sind wunderbar für die

Verdauung und gut gegen Verstopfung oder Wasseransammlungen.

Kaki: Gute Quelle für Kalium und Vitamin A. Kakis können trockenen Husten lindern, sind gut für den Flüssigkeitshaushalt des Körpers und helfen, manche Arten von Blutungen – wie beispielsweise blutende Hämorrhoiden – zu stoppen.

Ananas: Enthält das entzündungshemmende Enzym Bromelain. Unterstützt durch die große Menge Mangan in Ananas, ist Bromelain bekannt dafür, dass es bei der Verdauung von stärkehaltigen Nahrungsmitteln oder Proteinen hilft und außerdem Halsschmerzen lindert.

Pflaume: Unterstützt die Verdauung und stillt den Durst. Pflaumen helfen bei Leberproblemen und können die Aufnahme von Eisen erhöhen.

Granatapfel: Hoher Kaliumgehalt. Granatäpfel können die Produktion roter Blutkörperchen fördern, die Blase stärken und Geschwüre im Mund lindern.

Frische Kräuter fügen Aromawasser eine geschmackvolle Note bei. Kräuter bringen neben dem Geschmack weitere wunderbare Vorteile. Empfohlene Kräuter für Aromawasser sind:

Basilikum: Dieses Kraut ist reich an Antioxidantien, kann Schwellungen verringern und leichte Depressionen lindern. Basilikum wird außerdem als Beruhigungsmittel, zur Unterstützung für die Verdauung und sogar zur Abwehr von bakteriellen Infektionen verwendet.

Lavendel: Beruhigt sowohl Körper als auch Geist. Lavendel wird zur Linderung von Angstzuständen, Depressionen, Erschöpfung, Reizbarkeit und Kopfschmerzen verwendet. Es ist des Weiteren gut für die Verdauung und wirkt fiebersenkend.

Minze: Bekannt als Unterstützung für die Verdauung, kann Minze außerdem Krankheitserreger abtöten und den Körper kühlen. Außerdem befreit es die Nasengänge.

Petersilie: Es erfrischt den Atem und hat einen hohen Gehalt an Vitamin A und C sowie Eisen. Es stärkt die Zähne und reinigt das Blut.

Rosmarin: Unterstützt die Mentalfunktionen und das Gedächtnis. Es lindert Muskelschmerzen, Halsschmerzen, Husten und Sodbrennen.

Salbei: Wirkt abschwellend mit antimikrobiellen Eigenschaften. Salbei kann verwendet werden, um die Symptome der Menopause zu verringern, vor allem Hitzewallungen. Es wird außerdem als Beruhigungsmittel genutzt.

Thymian: Wird gewöhnlich für Husten, Halsschmerzen und Verdauungsstörungen verwendet. Thymian ist ein Beruhigungsmittel und lindert Arthritis.

In den Rezepten werden noch weitere Zutaten verwendet, die für den Geschmack hinzugefügt werden. Sie schmecken aber nicht nur lecker, sondern haben auch positive Auswirkungen auf die Gesundheit. Einige dieser zusätzlichen Zutaten sind:

Zimt: Kann den Blutzuckerspiegel senken und die Lebensfreude erhöhen. In der Schwangerschaft wird davon abgeraten, Zimt in größeren Mengen zu konsumieren. Ansonsten hilft er gegen Blähungen, Pilzinfektionen und wirkt angeblich vorbeugend gegen Alzheimer.

Kakao: Da er reich an Phenolen ist, kann er Blutdruck senken, reinigt die Arterien von Ablagerungen und löst positive Gefühle aus.

Ingwer: Wie Minze ist Ingwer dafür bekannt, dass es die Verdauung anregt und unterstützt. Außerdem ist er für den Kreislauf und die Atmung gut. Ingwer lindert Reisekrankheit und Übelkeit, senkt den Blutdruck und wird sogar als Mittel gegen Erkältung und Fieber verwendet.

Vanille: Kann gegen Fieber, Blähungen und als Aphrodisiakum verwendet werden. Das wohlriechende Aroma von Vanille wirkt beruhigend und kann der Stärkung des Selbstbewusstseins dienen.

Saison

Je nach Klimazone dürfte im Sommer die beste Jahreszeit für die Ernte sein. Melonen, Beeren, Stein- und Zitrusfrüchte bekommt man für gewöhnlich ganz einfach im Supermarkt oder auf dem Wochenmarkt. Im Herbst kann man frische Beeren finden sowie Äpfel und Birnen pflücken. Während der kalten Wintermonate wachsen in wärmeren Ländern leckere Zitrusfrüchte, Datteln und Bananen. Sobald der Frühling anbricht, wachsen Erdbeeren, Melonen, Aprikosen und Mangos.

Um die besten Früchte auszuwählen und das leckerste Aromawasser zuzubereiten, müssen ein paar Dinge beachtet werden.

Auf Bio setzen

Obwohl es keinen wissenschaftlichen Beweis dafür gibt, dass Bio-Lebensmittel einen signifikant höheren Nährwert haben als ihre konventionellen Gegenstücke, stimmen auch Fachleute zu, dass sie besser schmecken. Bio-Produkte haben durchweg einen reicheren Geschmack. Fragt man Bio-Bauern, werden sie antworten, dass der großartige Geschmack von der Fürsorge kommt, die sie in den Boden stecken. Die Pflanzen nehmen die zusätzlichen Nährstoffe im Boden auf, und diese werden bei der Nahrungsaufnahme

an den Menschen weiter-
gegeben. Einer Studie von
Professor Carlo Leifert
von der Newcastle University
zufolge enthalten Obst und
Gemüse aus biologischem
Anbau 40 Prozent mehr
Antioxidantien als
konventionelle Produkte
(Weil, 2014). Antioxidantien
sind Moleküle, die die Zellen
vor Schädigungen durch
freie Radikale schützen und
so die Abwehrkräfte stärken sowie vor Altersanzeichen bewahren. Wenn man sich für Bio entscheidet, werden keine Pestizide, keine Sprühmittel oder genetisch veränderte Organismen konsumiert. Bei sauberen Erzeugnissen kann man sicher sein, dass sie gewachsen sind, ohne die Umwelt zu schädigen. Und das fühlt sich sehr gut an.

Farbe: Früchte sind bunt. Es gibt sie in unheimlich vielfältigen Farbtönen, von rot und orange bis blau und grün. An ihrem Aussehen kann man häufig erkennen, welche Beere die süßeste, welche Steinfrucht eher süß als sauer und welche Kiwi am leckersten sein wird. Man sollte normalerweise nach einer dunklen, farbintensiven Frucht suchen: eine Aprikose, die mehr orange als gelb ist, oder dunkelrote Erdbeeren, die lang genug gewachsen sind, sodass sie reif und süß geworden sind. Sogar eine süße Kiwi wird ein wenig dunkler sein als eine saure, die ein klein wenig heller ist.

Festigkeit: Man kann Obst mit Menschen vergleichen. Jugend wird als lebendig empfunden, weil unsere Haut dann weich, straff und strahlend ist. Reife Früchte haben ebenfalls diesen jugendlichen Glanz. Steinobst hat oft eine straffe Haut, die sich aber weich anfühlt. Äpfel sind glänzend und sehr fest. Wenn sie richtig gelagert werden, bleiben sie knackig. Die weichen sollte man liegen lassen. Bei der Wahl einer Ananas sollte darauf geachtet werden, dass eines der Blätter relativ leicht herausgerissen werden kann. Sollte das nicht möglich sein, ist ihr Geschmack höchstwahrscheinlich sauer.

Geräusch: Klopft man an eine Melone, sollte ein dumpfes Geräusch zu hören sein (nicht das Klopfgeräusch, wenn man auf Holz klopft). Fragen Sie jemanden im Supermarkt, wenn Sie keinen Unterschied hören, denn es gibt nichts Besseres als den süßen Geschmack einer guten Melone.

Das Obst nicht wegwerfen!

Sollen die Zutaten nicht weggeworfen werden, nachdem eine Karaffe Aromawasser zubereitet wurde? Dieselben Zutaten können wiederverwendet werden, indem man einfach neues Wasser hinzufügt. Dann ist es ratsam, das Aromawasser ein bisschen länger ziehen zu lassen. Nach ein oder zwei Tagen sollten die Zutaten aber ausgetauscht werden. Für einen intensiveren Geschmack mischt man einfach frische Früchte darunter. Mit einer Zitrone als Zutat hält die Mischung wahrscheinlich drei bis vier Tage, denn die Zitronensäure bewirkt, dass andere Früchte nicht so schnell verderben.

Ein kleines bisschen süß

Man kann Stevia, Agave, Honig, braunen Reis-Sirup oder Ahornzucker verwenden, um Aromawasser zu süßen. Es gibt unterschiedliche Meinungen zu künstlichen Süßstoffen, aber es ist das Beste, sich von Dingen fernzuhalten, die den Anspruch erheben, natürlich zu sein, jedoch nach Chemikalien klingen. Stevia ist ein natürlicher Süßstoff, der gleichzeitig weder Kalorien noch Zucker enthält und eine sehr hohe Süßkraft besitzt. Wer ein bisschen Honig, Ahornsirup, braunen Reis-Sirup, Kokosnuss-Zucker oder Agave verwendet, sollte das Aromawasser vor dem Servieren umrühren. Es bedeutet nämlich etwas mehr Aufwand, bis die dicken Süßungsmittel vom Wasser aufgenommen werden.

Aromawasser zubereiten

Der Aromawasser-Krug

Selbstverständlich kann man Aromawasser auch ohne einen entsprechenden Krug mit speziellem Einsatz zubereiten, aber es gibt so viele, die für wenig Geld zu bekommen sind. Es ist ein ideales Werkzeug, um Aromawasser gut schmecken zu lassen, während gleichzeitig das Wasser gefiltert und schnell gereinigt wird. Verwendet man diese Art Krug, wird kein Sieb benötigt. Aus einem tragbaren Modell kann man sogar trinken. Auf lange Sicht spart es Zeit und Mühe, indem es das Einziehen einfacher gestaltet. Zusätzlich eignet sich der Aromawasser-Krug hervorragend, um eine Vielzahl leckerer Getränke zuzubereiten. Zum Beispiel kann man neben Aromawasser auch Eistee oder Limonade zubereiten.

Die meisten Aromawasser-Krüge haben in der Mitte oder auf dem Boden einen Behälter, in den die Zutaten hineingegeben werden. Die Löcher sollten klein genug sein, dass nur das Aroma der Früchte und Kräuter, nicht aber die Samen und Blätter ins Wasser geraten. Wenn es einen Filter gibt, sollte dieser mit einem Netz bedeckt sein. Tragbare Krüge können einfach geschüttelt werden. Dann ist es nicht nötig, sie umzurühren, da die Früchte zusammengepresst werden, wenn der Behälter mit den Zutaten in den Wasserkrug getaucht wird. Tragbare Krüge sind ideal für diejenigen, die Wasser zum Mitnehmen haben wollen. Man kann sie leicht nachfüllen und die Früchte wiederverwenden, sie dann mit einer schnellen Bewegung herauslösen, um später oder am nächsten Tag mit frischem Wasser neu zu starten.

Einige wenige Hersteller liefern einen Stößel mit. Dieses praktische Werkzeug gestattet es, die Zutaten zu zerquetschen und damit weitere Aromen freizusetzen. Das bedeutet mehr Geschmack, als wenn die Zutaten einfach in Scheiben geschnitten und ins Wasser gegeben werden. Wer einen intensiven Geschmack möchte, liegt mit einem Stößel genau richtig. Wer allerdings die Zutaten über mehrere Tage verwenden möchte, kann das Rezept so nutzen, wie es ist, und an den folgenden Tagen die Zutaten zerstoßen, um mehr Geschmack in das Wasser zu bekommen. Wer keinen Stößel besitzt, kann einfach einen Holzlöffel verwenden, auch wenn ein Stößel wegen seiner großen Oberfläche besser ist, da man die Zutaten direkt in dem Behälter für die Früchte innerhalb des Kruges zerdrücken kann.

Einige Aromawasser-Krüge werden mit einem zusätzlichen Einsatz geliefert, sodass man diesen im Kühlfach aufbewahren und zum Kühlen der Getränke verwenden kann. Das ist besonders praktisch, wenn Besuch da ist oder man den Krug den gesamten Tag draußen stehen lassen möchte. Angenommen, Ihre Kinder sind den ganzen Tag zu Hause, und Sie möchten sichergehen, dass sie genug Wasser trinken, oder Sie haben einen Krug im Büro und stellen fest, dass Sie deutlich mehr trinken, wenn das Wasser kalt ist. In solchen Fällen ist ein weiterer Einsatz, den man im Kühlfach lagern kann, eine ideale Ergänzung für den Krug.

10 Tipps zur erfolgreichen Zubereitung von Aromawasser

1. Im Voraus planen. Man sollte jedes Mal, wenn man in den Supermarkt geht, etwas mehr Obst und frische Kräuter kaufen. Es sollten zusätzliche Früchte auf der Einkaufsliste stehen, sodass man mehrere Optionen hat.

2. Einen Vorrat anlegen. Für den Fall, dass mal keine frischen Zutaten mehr im Haus sein sollten, ist es ratsam, einen Vorrat seiner Lieblingsfrüchte im Kühlfach zu haben. Wenn man eigene Früchte anpflanzt, friert man das, was man nicht benötigt, ein, anstatt es wegzugeben.

3. Die Regel der Drei. Bis zu drei Zutaten ergeben leckeres Aromawasser, aber zu viele Zutaten können den Geschmack verderben.

4. Flexibel sein. Wenn Aromawasser hilft, nicht zu dehydrieren und sich gut zu fühlen, sollte man nicht zu perfektionistisch sein. An einigen Tagen kann es vorkommen, dass man eine der Zutaten nicht im Haus hat. Anstatt etwas anderes zu trinken, kann man ein neues Rezept mit den vorhandenen Früchten erfinden. Lassen Sie sich von Ihrem eigenen Einfallsreichtum überraschen!

5. Die Zutaten über Nacht ziehen lassen. Je länger die Früchte ziehen, desto geschmackvoller wird das Aromawasser. Aromawasser benötigt acht bis zwölf Stunden zum Ziehen. Am besten am Abend den Krug vorbereiten, damit er am Morgen fertig bereitsteht.

6. Gewohnheit einkehren lassen. Es dauert drei bis vier Wochen, bis etwas Routine wird. Wer seine alte Gewohnheit, Softdrinks zu trinken, durch Aromawasser ersetzen möchte, erzielt also einen großen Erfolg, wenn er einen Monat durchhält. Es kann eine Hilfe sein, sich Erinnerungen auf dem Smartphone einzurichten oder ein System zu entwickeln, das einen daran erinnert, den Krug täglich vorzubereiten. Am besten ist es, ihn immer zur selben Zeit am selben Ort vorzubereiten, sodass man sich leichter daran erinnert.

7. Bio kaufen. Geben Sie Ihrem Körper, was er benötigt, und verzichten Sie auf das, was er nicht braucht. Die wenigen Cents, die man mehr ausgibt, weil man Bio-Produkte kauft, werden sich auf lange Sicht auszahlen. Wer jetzt nicht auf seine Gesundheit achtet, auf den kommen später womöglich erhebliche Kosten für medizinische Versorgung zu. Wenn der Körper die Pestizide und genetisch veränderten Zutaten verarbeiten muss, ist es möglich, dass man die Vorteile einer gesunden Ernährung nicht wird genießen können. Genau heute ist der Tag, um mit qualitativ hochwertiger Ernährung zu beginnen, um ein qualitativ hochwertiges Leben zu führen.

8. Sich neuen Geschmacksrichtungen öffnen. Häufige Veränderungen gehen oft Hand in Hand mit Widerstand, aber wenn man sich dem widersetzt, wird man den Unterschied vielleicht mögen. Lavendel-Vanille-Wasser mag einigen Menschen sofort interessant erscheinen, wer es allerdings gewohnt ist, jeden Tag zehn Tassen Kaffee oder zehn Softdrinks zu trinken, wird bei dem Gedanken daran vielleicht erschaudern, bis sich der Gaumen damit vertraut gemacht hat. Auch exotische Zutaten verdienen eine Chance!

9. Den Krug reinigen. Auch wenn es offensichtlich scheint, benutzen viele Leute die Zutaten immer wieder, werfen sie dann weg und nutzen den Krug direkt weiter. Er sollte aber zwischendurch gründlich gereinigt werden, damit sich die alten Aromen oder kleinen Fruchtstücke, die verderben könnten, nicht festsetzen.

10. Experimentierfreudig sein. Neue Dinge auszuprobieren bietet großes Potenzial. Warum bleiben also so viele Menschen bei ihren eingefahrenen Routinen? Weil Routinen sicher sind. Routinen sind bequem. Das Unbekannte kann einem Angst einjagen, aber man sollte mit Aromawasser weiter spielen, um das beste Ergebnis erzielen.

Die Vorbereitung der Zutaten

Die Vorbereitung der Zutaten für Aromawasser ist sehr einfach. Die meisten Beeren sind bereits vorgewaschen, sodass sie einfach in den Einsatz hineingeworfen werden können. Von Erdbeeren werden zum Beispiel noch die Blätter entfernt, da sie nicht süß schmecken wie die Beere selbst. Vor allem sollte man auf Schmutz achten. Sandiges oder schmutziges Aromawasser zu trinken macht keinen Spaß. Hat man also all seine Zutaten vom Markt oder aus dem eigenen Garten, spült man sie einmal ab, um sicher zu sein, dass das Getränk frei von Verschmutzungen sein wird. Alle Beeren und Kräuter können in einen Behälter gegeben, auf

Frisch oder tiefgefroren?

Sind die frischesten Zutaten immer das Beste?
Wahrscheinlich ja, aber Tiefgefrorene sind auch nicht
so schlecht. Je nachdem, wo man lebt und wo man
seine Lebensmittel kauft, können tiefgefrorene Früchte
eine gute Alternative zu frischen Zutaten sein. Es
ist allerdings wichtig zu verstehen, dass Beeren und
Früchte, die aus anderen Teilen der Welt geliefert
werden, häufig vor der Reife geerntet werden, damit
sie nicht schlecht werden, bevor sie ihr Ziel erreichen.

Importierte Früchte zu kaufen
kann also auch bedeuten,
dass sie noch ein wenig Zeit
benötigen, um zu reifen. Früchte,
die an ihrem Stock gereift sind,
haben allerdings einen höheren
Nährwert. Viele tiefgefrorene
Früchte werden reif gepflückt
und dann eingefroren, denn der
Gefriervorgang garantiert, dass
die Lebensmittel während der
Lieferung nicht schlecht werden.
Wie auch immer sie verschickt
werden, der Nährwert wird geringer sein, als wenn
man seine eigenen Früchte ernten und mit nach Hause
nehmen würde. Bei Aromawasser geht es meist um den
Geschmack, nicht um den Nährwert, und dieser wird
sowohl mit frischen als auch mit tiefgefrorenen Früchten
großartig sein. Jeder sollte also durch Ausprobieren
selbst herausfinden, was am besten schmeckt.

einmal gewaschen und die Zutaten, die für später aufbewahrt werden, trocken getupft werden.

Es ist nicht nötig, das Kerngehäuse von Äpfeln, Birnen oder anderem Kernobst zu entfernen, da die Zutaten für das Aromawasser entweder in den Siebteil des Kruges gegeben werden oder ein Sieb verwendet wird. Um eine Steinfrucht wie zum Beispiel einen Pfirsich in feine Scheiben zu schneiden, muss zuerst die Frucht halbiert und der Stein entfernt werden, bevor sie geschnitten werden kann.

Man kann die Zutaten für Aromawasser schneiden, wie man möchte, solange sie in den Einsatz des Aromawasser-Kruges hineinpassen. Um die Zutaten mehrere Male zu verwenden, sind größere Stücke und Scheiben besser geeignet. Dünnere Scheiben hingegen geben mehr Aromen bei der ersten Nutzung ab. Es gibt kein Richtig oder Falsch, wenn es um Aromawasser geht. Jeder kann sich ganz nach seinem eigenen Stil und Geschmack richten

Praktisches Zubehör

1. Krug: Aromawasser ist so einfach zu machen, dass jedes Behältnis, das zur Verfügung steht, verwendet werden kann. Ein Glaskrug ist optimal für Aussehen und Funktionalität. Aus einem Krug kann man einfacher ausgießen als aus einem Glas, obwohl Einmachgläser ideal für Aromawasser sein können, da man sie ganz einfach schütteln kann. Die Deckel sind aber nicht immer versiegelt. Krüge sind also die beste Lösung.

2. Sieb oder Filter. Dieser Küchenhelfer sollte in keiner Ausstattung fehlen. Viele Menschen denken bei dem Wort Sieb an den Gegenstand zum Abtropfen von Salat oder Abgießen von Nudeln. Dieser hat große Löcher, damit das Wasser gut ablaufen kann. Dabei handelt es sich allerdings um einen Seiher. Ein Sieb hat ein feines Netz und ist für unzählige Küchenarbeiten nützlich wie zum Beispiel zum Sieben von Mehl für einen luftigen Teig oder im Falle von Aromawasser zum Sieben der Früchte, damit die kleinen Stückchen, die man nicht mittrinken möchte, rausgefiltert werden. Eine Küche ohne Sieb oder Filter ist unvollständig.

3. Stößel. Dieser Gegenstand hat häufig die Form eines Rundholzstabes oder einer Mörserkeule und wird auch auf ähnliche Weise verwendet. Ein Stößel wird verwendet, um Zutaten zu zerstampfen oder zu öffnen, damit ihr Aroma freigesetzt wird. Genau das möchte man erreichen, damit das Wasser den Geschmack aufnehmen kann, sodass er also das perfekte Werkzeug für Aromawasser ist.

Serviervorschläge

Eine schöne Präsentation lässt alles besser schmecken. Glaskrüge lassen Aromawasser im besten Licht erscheinen. Mit durchsichtigem Glas ist man auf der sicheren Seite, da es garantiert keine Chemikalien an das gesunde Wasser abgibt. Buntes Glas oder Glasbehälter mit Hüllen oder einem Ausguss aus Silikon sind ebenfalls geeignet.

Man kann das wunderschöne Aromawasser ruhig zur Schau stellen, indem man es auf dem Tisch oder im Büro präsentiert. Die bunten Früchte sind ein absoluter Hingucker, selbst wenn ein bisschen Eis dazugegeben wurde, um das Wasser kühl zu halten. Die Früchte und andere Zutaten sollten also im Wasser bleiben. Eine andere pfiffige Art, Aromawasser zu servieren, ist eine Eiswürfelform, die nicht bis oben gefüllt wird. Man legt eine Scheibe Obst oder einige kleine Beeren in jedes Fach und friert die Form ein. Das Wasser wird dann mit diesen Eiswürfeln serviert, die einen schönen Farbakzent im Glas setzen.

Auch gekühlte Gläser sind schön zum Servieren von Aromawasser. In jedes Glas kommt eine Obstscheibe, entweder an den Rand oder direkt ins Wasser. Wenn Aromawasser mit Mineralwasser serviert wird, kann ein Strohhalm die Präsentation zu etwas ganz besonderem machen. Man sollte nicht knauserig sein, wenn man Aromawasser nur für sich selbst macht. Eine schöne Präsentation fühlt sich gut an, auch wenn kein anderer sie sieht.

Unterwegs

Aromawasser kann in jedes tragbare Gefäß umgefüllt werden, das gerade zur Verfügung steht. Es ist sogar möglich, Aromawasser direkt in einer Wasserflasche anzusetzen. Allerdings haben nur die Flaschen, die extra für Aromawasser hergestellt sind, den Filtereinsatz in der Mitte, der schmutzfreies Trinken garantiert. Einige dieser Flaschen haben sogar einen integrierten Strohhalm, was besonders praktisch ist. Je mehr es Spaß macht, Aromawasser zu trinken, desto mehr genießt man es und trinkt mehr Wasser. Damit der Geschmack des Aromawasser immer so frisch wie möglich ist, reinigt man die Wasserflasche nach jeder Nutzung.

DIE REZEPTE

Aromawasser
in nur einem Schritt

Aromawasser mit nur einer Obstsorte oder einem Kraut ist ein einfacher Einstieg und somit ideal. Es macht außerdem Spaß, jeden Tag einen neuen Geschmack auszuprobieren. Ins Büro oder zur Schule kann man problemlos eine Aromawasser-Flasche für unterwegs mitnehmen, und man merkt schnell, wie andere neugierig das besondere Wasser beäugen. Aromawasser für unterwegs bedeutet, dass man das erfrischende Getränk den ganzen Tag genießen kann. Außerdem kann das neue Glück auf diese Weise mit anderen geteilt werden.

Wie bei jedem Aromawasser sind die ausgesuchten Zutaten genauso wichtig wie die Vorbereitung. Die Zutaten mit einem Stößel zu zerstoßen ist nicht immer nötig, kann aber zu einem stärker ausgeprägten Geschmack führen. Obwohl es das Beste ist, frische Zutaten zu verwenden, ist es ratsam, immer einige gefrorene Bio-Früchte im Kühlfach aufzubewahren, falls mal keine reifen Früchte mehr im Haus sind oder die Zeit fehlt, zum Supermarkt zu gehen. Gefrorene Früchte sind für Aromawasser zwar besser als getrocknete, man kann aber ruhig kreativ werden und das nutzen, was man zur Hand hat, um leckeres Aromawasser mit frischen Zutaten zuzubereiten.

Orangen-Wasser

Es gibt nichts Erfrischenderes und Süßeres als eine saftige Orange. Voll von sonnigem Vitamin C, zaubert Aromawasser aus Orangen ein Lächeln auf die Lippen und versorgt die Zellen mit Wasser. Orangen-Wasser sieht toll aus und schmeckt richtig lecker.

> **2 bis 3 große Orangen**
> **2 Liter Wasser**

Die Orangen in Scheiben schneiden und in den Krug geben.

Das Wasser hinzugeben und für 2 bis 12 Stunden vor dem Servieren kühl stellen..

Dies ist eines der Aromawasser, denen man immer wieder Wasser hinzufügen kann, sodass die Orangenscheiben mehrere Tage verwendet werden können.

Ananas-Wasser

Dieses Wasser ist nicht nur sehr gut für die Verdauung, sondern ist auch noch vor, während und nach dem Sport großartig zum Trinken. Es kann auch verwendet werden, um die Kraftreserven vor einem großen Meeting aufzuladen. Frische Ananas verleiht dem Wasser eine süße und erfrischende Note, die so richtig munter machen kann.

400 g frische Ananas, kleingehackt
2 Liter Wasser

Die kleingehackte Ananas in den Krug geben und sanft mit einem Stößel oder Holzkochlöffel zerstoßen.

Das Wasser hinzugeben und für 2 bis 12 Stunden vor dem Servieren kühl stellen.

Aromawasser in nur einem Schritt

Gurken-Wasser

Ergibt 2 Liter   Vorbereitungszeit: 5 Minuten

Selbst diejenigen, die rohe Gurken als Snack nicht mögen, finden Gurken-Wasser unheimlich lecker. Die Gurken verleihen dem Wasser ein leichtes Aroma und lassen es sanft und kühlend die Kehle hinunterrinnen.

3 Gurken, in Scheiben
1,5 kg Eiswürfel
500 ml Wasser

Die Gurkenscheiben in den Krug geben.

Die Eiswürfel auf die Gurken legen, damit sie am Boden bleiben.

Das Wasser hinzugeben und für 2 bis 12 Stunden vor dem Servieren kühl stellen.

Brombeer-Wasser

Ergibt 2 Liter   Vorbereitungszeit: 3 Minuten

Brombeeren sind dank ihres süßen und herben Geschmacks für Aromawasser eine ideale Wahl. Da Brombeeren bekanntlich gut für das Gehirn sind, ist Brombeer-Wasser das perfekte Getränk, wenn man sich mental auf ein großes Meeting vorbereiten muss. Brombeer-Wasser ist sowohl mit stillem als auch mit spritzigem Wasser eine erfrischende und zuckerfreie Alternative sogar zum gesündesten aller Softdrinks.

200 g frische Brombeeren
2 Liter Wasser

Die Beeren in den Krug geben.

Die Brombeeren sanft mit einem Stößel oder Holzstab zerstoßen.

Das Wasser hinzugeben und für 1 bis 12 Stunden vor dem Servieren kühl stellen.

Minze-Wasser

Es gibt verschiedene Arten von Minze, allerdings wird im Supermarkt vor allem grüne Minze verkauft. Auf Bauernmärkten findet man auch echte Pfefferminze und manchmal sogar Schokoladenminze aus der Schweiz, die ihrem Namen absolut gerecht wird. Manchmal kann man auch auf Bananen-, Lavendel- und Apfelminze stoßen. Wer selbst Minze anpflanzen möchte, kann im Internet Samen bestellen oder im Gartencenter schauen.

> 5 Stängel frische Minze
> 1,5 kg Eiswürfel
> 500 ml Wasser

Die Minzeblätter mit den Fingern zerreißen und die Stängel in einen Krug mit 2 Liter Füllmenge geben.

Die Eiswürfel auf die Minze legen.

Das Wasser hinzugeben und für 1 bis 12 Stunden vor dem Servieren kühl stellen.

Wer eine Minzesorte ganz besonders mag, gibt einen Stängel davon in ein Wasserglas. Er wird Wurzeln schlagen, sodass er eingepflanzt werden kann und Sie weiterhin Freude an Ihrer Lieblingsminze haben.

Cantaloupe-Melonen-Wasser

Wer süße Melonen liebt, wird Cantaloupe-Melonen-Wasser zum neuen Lieblingsgetränk küren. Obwohl der Geschmack der Cantaloupe-Melone wunderbar zu anderen Zutaten passt, ist die Einfachheit der Frucht allein in diesem Aromawasser elegant genug für eine Dinnerparty und auf gewisse Weise heimelig, sodass es ideal zu jeder Tageszeit passt.

½ reife Cantaloupe-Melone, geschält und in Würfeln
2 Liter Wasser

Die gewürfelten Cantaloupe-Melonenstücke in den Krug geben.

Die Fruchtstücke langsam mit einem Holzkochlöffel zerstoßen.

Das Wasser hinzugeben und für 1 bis 12 Stunden vor dem Servieren kühl stellen.

Aromawasser in nur einem Schritt

Zitronen-Wasser

Ergibt 2 Liter   Vorbereitungszeit: 3 Minuten

Zitronen-Wasser scheint etwas ganz Normales zu sein, aber wenn man die Scheiben mehrere Stunden ziehen lässt, entsteht ein völlig neuer, intensiverer Geschmack, als wenn nur eine Scheibe im Glas schwimmt. Aromawasser mit Zitrone zu trinken regt den Appetit an und hilft dem Körper beim Alkalisieren.

- 3 Zitronen
- 2 Liter Wasser

Die Zitronen in Scheiben schneiden und in einen Krug geben.

Die Zitronenscheiben mit einem Holzkochlöffel zerdrücken.

Das Wasser hinzugeben und für 1 bis 12 Stunden vor dem Servieren kühl stellen.

Kokos-Wasser

Ergibt 2 Liter   Vorbereitungszeit: 1–5 Minuten

Nicht zu verwechseln mit Kokosmilch, dem Saft einer Kokosnuss, die von einer Kokospalme stammt. Hier wird Aromawasser aus der Essenz der Kokosnuss zubereitet. Wer Kokosnuss liebt, sollte dieses Aromawasser mit getrockneten Stücken probieren, auch wenn frisches Kokosnussfleisch einen stärkeren Geschmack verleiht.

Fruchtfleisch einer ½ frischen Kokosnuss, kleingehackt
2 Liter Wasser

Das Kokosnussfleisch in den Krug geben.

Das Wasser hinzugeben und für 3 bis 12 Stunden vor dem Servieren kühl stellen.

Da Kokosnüsse eine recht feste Struktur haben, kann man das Fruchtfleisch essen, nachdem es für das Aromawasser verwendet wurde.

Aromawasser in nur einem Schritt

Kiwi-Wasser

Ergibt 2 Liter   Vorbereitungszeit: 3 Minuten

Kiwis werden meist in größerer Stückzahl in Schalen verkauft, sodass man genug hat, um sie für Aromawasser mit
Kiwi zu nutzen. Kiwis in Aromawasser schmecken zum
einen sehr lecker und sehen zum anderen wegen ihrer hel-
len, grünen Farbe toll aus.

3 bis 4 Kiwis
2 Liter Wasser

Die Kiwi schälen, in 5 mm dicke Scheiben schneiden und
in einen Krug geben.

Die Früchte mit einem Holzkochlöffel zerstoßen, um
einen stärkeren Geschmack zu erhalten.

Das Wasser hinzugeben und für 1 bis 8 Stunden vor dem
Servieren kühl stellen.

*Der Körper benötigt Vitamin C, um Eisen aufnehmen
zu können. Wenn man also Kiwiwasser mit eisenhaltigen
Lebensmitteln kombiniert, hilft man seinem Körper, mehr
von diesem energiespendenden Mineralstoff aufzunehmen.*

Ingwer-Wasser

Ingwer ist fantastisch, um das Blut in Wallung zu versetzen und einen Energieschub zu bekommen. Anders als Ingwertee ist Aromawasser mit Ingwer leicht, aber mit einer intensiven Ingwer-Note. Bio-Ingwer muss nicht geschält werden. Dieser zusätzliche Schritt ist nur nötig, wenn Pestizide entfernt werden müssen, wie das bei konventionell angebautem Ingwer der Fall ist.

ein Stück frischer Ingwer (ca. 10 cm)
2 Liter Wasser

Den Ingwer schälen, in Scheiben schneiden und in einen Krug geben.

Das Wasser über die Ingwerstücke gießen und für 2 bis 12 Stunden vor dem Servieren kühl stellen.

Ingwer kann wiederverwendet werden. Weitere Zutaten können hinzugefügt werden, um ein völlig neues Aromawasser zu erhalten.

Aromawasser in nur einem Schritt

Erfrischende Aromawasser

Alle Rezepte in diesem Kapitel enthalten spezielle Zutaten, die Ihnen einen zusätzlichen Frischeschub verleihen, der an heißen Tagen oder nach dem Sport besonders guttut. Stellen Sie sich vor, wie Sie in einem exklusiven Spa entspannen und eines dieser Aromawasser schlürfen oder wie Sie es bei Ihrer nächsten Wanderung durch die Hügel oder an einem Sonntag am Strand trinken.

Die Rezepte in diesem Buch sind nur eine Starthilfe. Für das perfekte Aromawasser, das sofort mit Flüssigkeit versorgt und erfrischt, gibt es keine Zauberformel. Doch die Zutaten, die in diesen Rezepten verwendet werden, sind für ihre erfrischende Wirkung bekannt. Dies gilt vor allem für Mango, Ananas und grünen Apfel. Minze wirkt belebend und erfrischend, während ein Hauch Rosmarin für einen tollen Geschmack sorgt, wenn er mit frischen Früchten kombiniert wird. Kreativität ist gefragt, um herauszufinden, was einem einfällt, wenn man eine Weile mit diesen Rezepten gespielt hat.

Zitronen-Limette-Minze-Wasser

Ergibt 2 Liter   Vorbereitungszeit: 3 Minuten

Zitrone, Limette und Minze sind eine fantastische Kombination für jede Gelegenheit. Dieses Aromawasser ist wirklich schön anzuschauen und wird Ihren Gästen ein Lächeln auf die Lippen zaubern, wenn es bei einer Party serviert wird. Mit einem Hauch Süßstoff entsteht eine gesunde Leckerei im Stil des Cocktails Mint Julep.

- 2 Zitronen
- 2 Limetten
- 3 Stängel frische Minze
- 1 kg Eiswürfel
- 1 Liter Wasser

Die Früchte in Scheiben schneiden und zusammen mit der Minze in den Krug geben.

Die Eiswürfel auf die Zutaten geben, damit sie nicht aufschwimmen, und den Krug mit Wasser füllen.

Für 2 bis 8 Stunden vor dem Servieren kühl stellen.

Dieses Aromawasser kann immer wieder mit Wasser aufgefüllt und für ein oder zwei Tage verwendet werden.

Tropisches Mango-Orangen-Wasser

Dieses Aromawasser vermittelt einem beim Trinken das Gefühl, auf einer tropischen Insel zu sein. Die Früchte können den ganzen Tag verwendet werden, haben aber nach etwa 24 Stunden ihr Aroma abgegeben. Am nächsten Tag sollte also mit frischen Früchten neu begonnen werden.

1 reife Mango
1 große Orange
2 Liter Wasser

Die Mango mit einem scharfen Messer schälen, entkernen und in Scheiben schneiden.

Die Orangen in Scheiben schneiden und dabei die Schale dran lassen.

Die Frucht in den Krug geben und ihn mit Wasser füllen.

Vor dem Servieren 2 bis 8 Stunden kühl stellen.

Um direkt einen starken Geschmack zu erhalten, müssen die Früchte zerstoßen werden, bevor das Wasser hinzugegeben wird. Zuerst die flachen Seiten abschneiden, sodass so viel Fruchtfleisch wie möglich gewonnen werden kann. Danach die Stücke längs schneiden, um die Schale problemlos entfernen zu können.

Erfrischende Aromawasser

Grüner-Apfel-Limetten-Wasser

Ergibt 2 Liter   Vorbereitungszeit: 3 Minuten

Leicht herb und grün ist dies ein fantastisch erfrischendes Aromawasser. Es passt wunderbar zum Sport oder sorgt nach einem Tag mit künstlichem Licht im Büro für einen klaren Kopf. Grüne Äpfel helfen, den Körper mit Wasser zu versorgen. Der süß-saure Geschmack macht nach einem schweren Essen mit zu viel Salz wieder munter.

- 1 großer oder 2 kleine grüne Äpfel, in Scheiben
- 1 oder 2 Limetten, in Scheiben
- 1,5 kg Eiswürfel
- 500 ml Wasser

Die Fruchtscheiben in den Krug geben und ihn mit den Eiswürfeln füllen.

Das Wasser hinzufügen.

Für 3 bis 12 Stunden vor dem Servieren kühl stellen.

Je länger man harte Früchte ziehen lässt und sie kühl stellt, desto mehr Geschmack geben sie an das Wasser ab.

Erdbeer-Zitronen-Minze-Wasser

Ergibt 2 Liter   Vorbereitungszeit: 4 Minuten

Es sollten unbedingt süße und geschmackvolle Erdbeeren verwendet werden, damit das Aromawasser richtig lecker wird. Wenn die Erdbeere dunkelrot und am Ansatz nicht weiß ist, ist das ein Zeichen, dass sie gut schmeckt. Zu diesem Aromawasser passen auch Mineralwasser oder ein Hauch Süßstoff sehr gut.

6 bis 10 Erdbeeren, in Scheiben
1 oder 2 Zitronen, in Scheiben
2 Stängel frische Minze
2 Liter Wasser

Die Früchte und die Minze in den Krug geben.

Das Wasser hinzugeben und vor dem Servieren für 3 bis 12 Stunden kühl stellen.

Um mehr Geschmack zu erhalten, können die Früchte zerstoßen oder die Minze zerkleinert werden, bevor das Wasser hinzugefügt wird. Die Minze kann auch mit den Finger zerrissen werden, bevor sie in den Krug gegeben wird.

Gurken-Basilikum-Wasser

Die kühlenden Gurken geben zusammen mit dem frischen Basilikum einen belebenden Schub. Die Leichtigkeit ist überraschend. Basilikum ist bekannt dafür, dass es gegen Schwellungen hilft. In Kombination mit Gurken ist es die perfekte Erfrischung bei Völlegefühl an einem heißen Tag.

- 1 große oder 3 kleine Gurken, in Scheiben
- 5 große, frische Blätter Basilikum
- 2 Liter Wasser

Die Gurken und das Basilikum in den Krug geben.

Das Wasser zu den Zutaten hinzugeben.

Vor dem Servieren für 2 bis 12 Stunden kühl stellen.

Um mehr Geschmack zu erhalten, kann das Basilikum nach Belieben zerstoßen oder zerschnitten werden. Allerdings bietet es sich hier an, ganze Blätter hinzuzufügen, damit die Gurken ihren vollen Geschmack entfalten können.

Rosmarin-
Wassermelonen-Wasser

Dieses erfrischende Aromawasser ist so elegant, dass man es sich beim Lernen oder Arbeiten gönnen kann. Es ist gut für das Gehirn und die Zellen, denn Wassermelone besteht, wie der Name sagt, zum Großteil aus Wasser. Diese Frucht lässt sich leicht zerstoßen und gibt ihren Geschmack wunderbar an das Wasser ab. Dieses Getränk ist perfekt, um den Geschmack frischer Wassermelonen zu genießen, ohne zu viel davon zu essen und Bauchschmerzen zu riskieren.

400 g Wassermelone, in Stückchen
1 kleiner Zweig Rosmarin
2 Liter Wasser

Die Wassermelonenstücke in den Krug geben und mit einem Stößel zerdrücken, damit sich das Aroma entfalten kann.

Die Rosmarinnadeln abzupfen und zusammen mit dem Wasser der Wassermelone hinzufügen.

Vor dem Servieren 1 bis 12 Stunden kühl stellen.

Erfrischende Aromawasser

Honigmelonen-Orange-Basilikum-Wasser

Ergibt 2 Liter   Vorbereitungszeit: 3–7 Minuten

Honigmelone enthält viel Kalium, was für den Blutdruck von essenzieller Bedeutung ist. In diesem Rezept passt die geschmacksintensive Honigmelone mit ihrer gesundheitsfördernden Wirkung hervorragend zum frischen und fruchtigen Geschmack der Orange mit Basilikum. Gemeinsam ergeben sie ein erfrischendes Aromawasser. Gönnen Sie sich dieses Getränk an einem heißen Sommertag auf der Veranda oder behalten Sie es den ganzen Tag in der Wasserflasche.

1 Orange
400 g frische Honigmelone, in Stückchen
3 bis 5 große, frische Blätter Basilikum
2 Liter Wasser

Die Früchte in den Krug geben.

Mit einem Holzkochlöffel oder Stößel zerstoßen und das Basilikum zusammen mit dem Wasser hinzufügen.

Vor dem Servieren 1 bis 12 Stunden kühl stellen.

Bei der Auswahl einer Honigmelone nimmt man eine, die für ihre Größe schwer ist und eine wachsartige und nicht flaumige Haut hat. Melonen, die Schrammen haben und auf Druck nicht nachgeben, sind nicht geeignet.

Blaubeeren-Zitronen-Wasser

Blaubeeren scheinen süßer zu schmecken, wenn man sie mit Zitrone vermischt. Probieren Sie es aus, wenn Sie das nächste Mal einen Blaubeerkuchen backen. Man könnte Süßstoff zu diesem Getränk hinzufügen, aber es ist mit einem Hauch Blaubeere und einem kleinen Spritzer Zitrone sehr erfrischend.

200 bis 400 g frische Blaubeeren
1 Zitrone, in Scheiben
2 Liter Wasser

Die Blaubeeren in den Krug geben und sanft mit einem Holzkochlöffel oder Stößel zerstoßen.

Die Zitronenscheiben und das Wasser hinzufügen.

Vor dem Servieren für 1 bis 12 Stunden kühl stellen.

Erfrischende Aromawasser

Grapefruit-Vanille-Wasser

Ergibt 2 Liter   Vorbereitungszeit: 3 Minuten

Herbe Grapefruit mit wohlduftender Vanille könnte ein Dessert oder Frühstück sein, aber es ist so lecker und erfrischend, wie es Aromawasser nur sein kann. Ein Hauch Süßstoff wie Stevia oder das Lieblingssüßemittel oder auch ein bisschen Honig kann köstlich schmecken. Ohne Süßstoff kann dieses Aromawasser mit Grapefruit und Vanille den Appetit anregen.

- 1 Vanilleschote
- 1 Grapefruit, in Scheiben
- 2 Liter Wasser

Die Vanilleschote in den Krug geben und bei Bedarf zerstoßen.

Die Grapefruitscheiben und das Wasser hinzufügen.

Vor dem Servieren für 2 bis 12 Stunden kühl stellen.

Mandarine-Ingwer-Wasser

Dieses erfrischende Aromawasser kombiniert den frischen Geschmack der Mandarine mit der gesundheitsfördernden Wirkung von Ingwer in einem leckeren Getränk, das einem den Tag versüßt. Um einen intensiven Geschmack zu erhalten, kann beliebig viel Ingwer verwendet werden. Wenn das Rezept wie hier angegeben angewendet wird, ist das Aroma süß und leicht scharf.

> 2 oder 3 Mandarinen, in Scheiben
> 1 Stück frischer Ingwer (ca. 5 cm)
> 2 Liter Wasser

Den Ingwer schälen und in 1 cm dicke Scheiben schneiden. Die Mandarinenscheiben und den Ingwer in den Krug geben.

Die Zutaten bei Bedarf zerstoßen und dann das Wasser hinzufügen.

Vor dem Servieren für 1 bis 12 Stunden kühl stellen.

Für einen starken Ingwergeschmack kann der Ingwer auch geraspelt anstatt in Scheiben geschnitten werden. Dann sollte man aber auf jeden Fall ein Sieb oder einen Filter benutzen, um den Saft aufzufangen.

Reinigende Aromawasser

Viele Früchte sind für ihre reinigende und entgiftende Wirkung bekannt, was weitestgehend damit zusammenhängt, dass sie einen hohen Gehalt an Wasser und Antioxidantien haben. Bei dieser Reinigung werden Giftstoffe entfernt und der Körper gesäubert. Viel Wasser zu trinken ist dabei eine Voraussetzung, weil es hilft, angesammelte Giftstoffe auszuspülen. Um zu vermeiden, dass neue Giftstoffe in den Körper gelangen, sollten Bio-Produkte gekauft werden. Dadurch genießt der Körper die gewünschten reinigenden Vorteile – ohne Rückstände, Wachse oder Chemikalien, die häufig in Produkten zu finden sind, die nicht aus biologischem Anbau stammen.

Die hier vorgestellten Getränke sind die perfekte Ergänzung für eine gesunde Ernährung. Trotzdem sind diese Rezepte nicht als Reinigungkur gedacht. Wer eine Saft- oder Kräuterkur machen möchte, sollte dies vorher mit dem Hausarzt abklären, damit nichts gemischt wird, was sich negativ auf den Gesundheitszustand auswirken könnte. Aromawasser soll gesund und lecker sein und zufällig auch neben der täglichen Versorgung des Körpers mit Wasser einen reinigenden Effekt haben und sanft entgiften.

Petersilie-Zitronen-Wasser

Ergibt 2 Liter   Vorbereitungszeit: 3 Minuten

Petersilie hat einen frischen und kräftigen Geschmack, der erstaunlich gut zu Aromawasser passt und der sauren Zitrone eine erdige Note verleiht. Diese stark reinigende Kombination wirkt alkalisierend und ist gut für den Atem.

2 Zitronen, in Scheiben
4 oder 5 frische Stängel Petersilie
1,5 kg Eiswürfel
500 ml Wasser

Die Zitronen und die Petersilie in den Krug geben und die Eiswürfel hinzufügen.

Das Wasser hinzugeben und vor dem Servieren für 1 bis 12 Stunden kühl stellen.

Für einen stärkeren Geschmack und einen höheren Nutzen für die Gesundheit kann man die Petersilienblätter auch zerstoßen, bevor sie in den Krug gegeben werden. Auch die Zitronenscheiben können zerstoßen werden.

Apfel-Ingwer-Wasser

Ergibt 2 Liter   Vorbereitungszeit: 4 Minuten

Sowohl Äpfel als auch Ingwer sind gut für die Verdauung und können dabei helfen, den Körper sanft von Giftstoffen zu befreien. Durch diese Zutaten wirkt dieses Aromawasser entgiftend auf den Körper und schmeckt gleichzeitig auch noch richtig gut. Keine Scheu vor etwas weicheren Äpfeln. Beim Einziehen kommt der Geschmack heraus, und man braucht sich keine Gedanken über die Struktur zu machen.

> 2 Äpfel, in Scheiben (Sorte nach Wahl)
> 1 Stück frischer Ingwer (ca. 5 cm)
> 2 Liter Wasser

Den Ingwer schälen und in 1 cm dicke Scheiben schneiden. Die Apfel- und Ingwerscheiben in den Krug geben.

Ein oder zwei Minuten lang zerstoßen und dann Wasser hinzufügen.

Vor dem Servieren für 2 bis 12 Stunden kühl stellen.

Mit Bio-Äpfeln kann man Pestizide umgehen, die häufig in Produkten zu finden sind, die nicht biologisch angebaut wurden. Normalerweise sind Äpfel ganz oben bei den Schmutzigen Zwölf, da nach der Ernte mehr als 40 verschiedene Chemikalien auf ihnen zu finden sind.

Reinigende Aromawasser

Cranberry-Limetten-Basilikum-Wasser

Ergibt 2 Liter   Vorbereitungszeit: 8 Minuten

Die reinigenden Cranberrys bekommen durch die belebende Limette Verstärkung, und beide zusammen ergeben ein tolles Aromawasser für jede Jahreszeit. Dieses Getränk ist auch farblich durch das Rot und Grün ein Hingucker, der sich für Partys eignet.

200 g frische Cranberrys
2 Limetten, in Scheiben
1,5 kg Eiswürfel
500 ml Wasser

Die Cranberrys vorsichtig mit einem Messer anstechen und in den Krug geben.

Die Limettenscheiben hinzufügen und die Eiswürfel auf die Früchte geben.

Das Wasser hinzugeben und vor dem Servieren für 1 bis 12 Stunden kühl stellen.

Lavendel-Zitronen-Wasser

Wenigen Menschen fällt es ein, Lavendel als Zutat für Getränke zu verwenden, aber in Aromawasser schmeckt er mindestens genauso gut wie in Butterkeksen. Dieses Kraut wirkt in Kombination mit Zitrone lindernd und ergibt ein besonderes, reinigendes Getränk.

1 EL Lavendel
2 oder 3 Zitronen, in Scheiben
1,5 kg Eiswürfel
500 ml Wasser

Den Lavendel mit den Zitronenscheiben in den Krug geben.

Die Eiswürfel auf die Zitronen legen und dann das Wasser hinzufügen.

Vor dem Servieren für 2 bis 12 Stunden kühl stellen.

Man sollte Lavendel kaufen, der weder besprüht noch gefärbt oder sonst in irgendeiner Weise behandelt wurde. Bio-Lavendel erhält man oft auf dem Wochenmarkt. Andernfalls kann man ihn auch selbst anpflanzen.

Zimt-Pfirsich-Wasser

Ergibt 2 Liter   Vorbereitungszeit: 5 Minuten

Süße Pfirsiche passen wunderbar zu Zimt in einer Süß-speise, einem Kuchen, Chips, einem Smoothie oder im Aromawasser. Der einzige reinigende Weg, um diese dyna-mische Mischung zu genießen, ist in Aromawasser wie diesem hier, das den ganzen Tag getrunken werden kann.

- 2 bis 3 reife Pfirsiche, entkernt und in Scheiben
- 1 Stange Zimt
- 2 Liter Wasser

Die Pfirsiche in den Krug geben und etwa eine Minute lang zerstoßen.

Die Zimtstange und das Wasser hinzufügen.

Vor dem Servieren für 1 bis 12 Stunden kühl stellen.

Erdbeer-Grapefruit-Salbei-Wasser

Ergibt 2 Liter   Vorbereitungszeit: 5 Minuten

Diese einzigartige Geschmackskombination wirkt sowohl reinigend als auch beruhigend. Wer Grapefruit mag, wird dieses Aromawasser lieben, das die gesundheitlichen Vorteile von Grapefruit mit ein bisschen Süße der Erdbeeren und einer besonderen Note des Salbeis bietet.

- 1 Grapefruit, in Scheiben
- 200 g frische Erdbeeren, in Scheiben
- 4 frische Salbeiblätter
- 2 Liter Wasser

Die Grapefruit und die Erdbeeren in den Krug geben.

Salbei und Wasser hinzufügen und vor dem Servieren für 1 bis 12 Stunden kühl stellen.

Reinigende Aromawasser

Wer die Zutaten sanft zerstoßen möchte, sollte warten, bis das Aromawasser ausgetrunken wurde und es dann mit frischem Wasser auffüllen. Wenn die Zutaten von Anfang an mit dem Stößel bearbeitet und dann wiederverwendet werden, wird der Salbeigeschmack dominieren.

Feigen-Orange-Lavendel-Wasser

Ergibt 2 Liter   Vorbereitungszeit: 5 Minuten

Feigen und Orangen sind eine süße Kombination für einen lieblichen Geschmack. Dieses Rezept sieht zwar nur einen Hauch Lavendel vor, wer möchte, kann aber mehr verwenden. Schneidet man die Früchte einfach in Scheiben und gibt sie ins Wasser, wird es mit dem Lavendel im Krug besser aussehen, als wenn alles zerstoßen und gemischt wird. Sollen die Früchte jedoch für einen stärkeren Geschmack zerstoßen werden, müssen die Feigen, sofern sie sehr reif sind, nicht in Scheiben geschnitten werden.

- 4 reife Feigen, in Scheiben
- 2 Orangen, in Scheiben
- 1 TL Lavendel
- 2 Liter Wasser

Die Mandarinen– und Orangenscheiben mit dem Lavendel in den Krug geben.

Das Wasser hinzugeben und vor dem Servieren für 1 bis 12 Stunden kühl stellen.

Basilikum-Zitronen-Limette-Wasser

Ergibt 2 Liter   Vorbereitungszeit: 5 Minuten

Basilikum ist ein sehr vielseitiges Gewürz, das zusammen mit Zitrone und Limette in Aromawasser eine besonders reinigende Wirkung hat. Basilikum ist als stärkendes Kraut bekannt und gibt diesem Aromawasser damit sowohl reinigende als auch stärkende Wirkung. Es ist also die richtige Wahl für alle, die unter Erschöpfung leiden.

5 große, frische Basilikumblätter
2 Zitronen, in Scheiben
1 Limette, in Scheiben
2 Liter Wasser

Die Basilikumblätter in kleine Stücke reißen und mit den Zitronen- und Limettenscheiben in den Krug geben.

Die restlichen Zutaten hinzufügen und das Getränk vor dem Servieren für 1 bis 8 Stunden kühl stellen.

Wassermelonen-Traube-Wasser

Ergibt 2 Liter   Vorbereitungszeit: 6 Minuten

Man kann entweder grüne oder rote Trauben für dieses Aromawasser verwenden. Grüne Trauben ergeben in Kombination mit der roten Wassermelone einen tollen Hingucker, aber beide Traubensorten passen geschmacklich sehr gut. Trauben haben einen hohen Zuckergehalt und weniger Fasern als andere Früchte. Damit sind beide Früchte, Trauben und Wassermelonen, einfach zu zerstoßen, sodass sich das Aroma schnell im Wasser ausbreitet.

10 Trauben, halbiert
400 g Wassermelone, in Stücke geschnitten
2 Liter Wasser

Die Trauben und die Wassermelone in den Krug geben und gut zerstoßen.

Wasser über die Früchte gießen und vor dem Servieren für 1 bis 8 Stunden kühl stellen.

Gefrorene Trauben sind eine super Nascherei für den Sommer. Man legt einfach alle Trauben, die nach der Zubereitung des Rezepts noch nicht benutzt wurden, ins Gefrierfach, um sie später zu verwenden.

Kiwi-Apfel-Wasser

Ergibt 2 Liter   Vorbereitungszeit: 5 Minuten

Für dieses Rezept sollten reife Früchte verwendet werden, die auf Druck leicht nachgeben. Es stellt kein Problem dar, wenn die Kiwis so aussehen, als hätten sie Druckstellen. Obwohl die Kiwi eine der Früchte mit der höchsten Nährwertdichte ist, wird ihr häufig nicht die Beachtung geschenkt, die sie verdient. In Verbindung mit dem immer beliebten Apfel entsteht ein leckeres und reinigendes Aromawasser.

- 2 Äpfel, in Scheiben
- 3 bis 4 Kiwis, geschält und in Scheiben
- 2 Liter Wasser

Die Äpfel in den Krug geben und etwa eine Minute lang zerstoßen.

Die Kiwis hinzufügen und mit Wasser übergießen.

Vor dem Servieren für 2 bis 12 Stunden kühl stellen.

Entgiftende
Aromawasser

Antioxidantien sind Substanzen im Blut, die dabei helfen, die Zellen gegen bestimmte Schäden zu schützen. Während einige Antioxidantien künstlich sind, kommen die stärksten aus natürlichen Lebensmittelquellen wie Früchten und Blattgrün. Antioxidantien können vor bestimmten Arten Krebs sowie anderen Krankheiten schützen, indem sie der Oxidation in den Zellen entgegenwirken. Oxidation (wie Rost auf Metall) ist ein Prozess, der freie Radikale erzeugt, die die Zellen angreifen und somit Auswirkungen auf die Gesundheit haben. Lebensmittel,die reich an Antioxidantien sind, geben den Zellen den Schutz, den sie benötigen, um ein junges Aussehen und Energie zu bewahren.

Man kann zwar auch Nahrungsergänzungsmittel zu sich nehmen, um die Aufnahme von Antioxidantien zu erhöhen, aber es ist grundsätzlich sicherer, dies mit Lebensmitteln zu tun, die reich an Antioxidantien sind. Viele Lebensmittel enthalten Antioxidantien sowie Beta-Carotine, Lutein, Lycopene, Selen, Vitamin A, C und E. Einige Früchte gehören zu den Lebensmitteln mit den meisten Antioxidantien. Dazu zählen Blaubeeren, Cranberrys, Äpfel, Pflaumen, Kirschen und Erdbeeren. Diese und weitere Zutaten kommen in den Rezepten für entgiftende Aromawasser dieses Kapitels vor.

Chili-Wasser

Capsaicin in Chilis ist gut für Herz und Kreislauf. Experten für Naturheilkunde sind überzeugt, dass Chilis einem Herzinfarkt vorbeugen können. Auf jeden Fall sind Chilis in der Lage, den Blutkreislauf anzukurbeln. Der Schärfegrad und der Geschmack dieses Aromawassers können, je nachdem ob und wie die Chilischoten geschnitten werden, kontrolliert werden. Sie gar nicht zu zerteilen, gibt dem Wasser nur ein leichtes Chiliaroma, während sie in feine Scheiben zu schneiden vielleicht ein wenig zu aggressiv im Geschmack wird, um das Trinken zu genießen. Bei chronischen Beschwerden mit den Bronchien oder einfach zum Schutz der Zellen dürfte die goldene Mitte die richtige Wahl sein.

1 oder 2 Chilischoten, in Scheiben
2 Liter Wasser

Die Chilischoten in den Krug geben.

Das Wasser über die Chilischoten gießen und vor dem Servieren für 2 bis 12 Stunden kühl stellen.

Brombeer-Orangen-Wasser

Ergibt 2 Liter   Vorbereitungszeit: 5 Minuten

Brombeeren und Orangen sehen zusammen nicht nur richtig gut aus, die Geschmackskombination ist auch so hervorragend, als käme sie direkt aus Merlins Zauberküche. Das ist ein Zaubertrank aus Vitamin C und Antioxidantien.

200 g frische Brombeeren
1 bis 2 Orangen, in Scheiben
2 Liter Wasser

Die Beeren und Orangenscheiben in den Krug geben.

Die Zutaten eine Minute lang zerstoßen.

Das Wasser hinzugeben und vor dem Servieren für 1 bis 8 Stunden kühl stellen.

💧 *Steht kein Holzkochlöffel oder Stößel zur Verfügung, kann man etwas anderes aus der Küche verwenden – selbst ein Kartoffelstampfer kann funktionieren. Die Zutaten sollten nur sanft zerstoßen werden, wenn der Geschmack leicht sein soll, aber viele Menschen mögen ein geschmacksintensives Aromawasser. Tragbare Aromawasser-Krüge gibt es häufig mit einem sich drehenden Einsatz, um die Zutaten zu zerstoßen, und bei manchen wird ein Stößel mitgeliefert, der genau in den Einsatz passt.*

Pflaumen-Minze-Limetten-Wasser

Ergibt 2 Liter   Vorbereitungszeit: 6 Minuten

Pflaumen sind reich an Antioxidantien und passen wunderbar zu Pfefferminze und Limette. Sie ergeben ein klassisches, gesundes Aromawasser, das man gern trinkt. Es ist es sogar erfrischender als Limonade.

4 reife Pflaumen, entkernt und in Scheiben
1 bis 2 Limetten, in Scheiben
3 Stängel frische Minze
2 Liter Wasser

Die Pflaumen und Limettenscheiben in den Krug geben.

Die Zutaten nach Belieben eine Minute lang zerstoßen.

Die Minzeblätter zwischen den Fingern zerreißen oder reiben und in den Krug geben.

Das Wasser darübergießen und vor dem Servieren für 1 bis 12 Stunden kühl stellen.

Wer einen Hauch Süße zu diesem Aromawasser hinzufügen möchte, wartet am besten, bis die Zutaten durchgezogen sind, sodass der Geschmack genau richtig ist.

Aprikosen-Nektarinen-Rosmarin-Wasser

Der süße Geschmack von Nektarinen und Aprikosen gepaart mit einem Hauch Rosmarin ist ein einzigartiges Aromawasser-Erlebnis. Die Aprikosensaison ist kurz und teuer, weil man selten eine frische Frucht direkt vom Baum bekommt.

- 4 reife Aprikosen, entkernt und in Scheiben
- 2 oder 3 reife Nektarinen, entkernt und in Scheiben
- 1 Tl frischer Rosmarin
- 2 Liter Wasser

Die Aprikosen und Nektarinen zusammen mit dem Rosmarin in den Krug geben.

Die Zutaten ein oder zwei Minuten lang zerstoßen.

Das Wasser darübergießen und vor dem Servieren für 2 bis 12 Stunden kühl stellen.

Entgiftende Aromawasser

 Die Frucht sollte reif sein, sonst ist der Geschmack fad.

Kirsch-Vanille-Wasser

Ergibt 2 Liter   Vorbereitungszeit: 9 Minuten

Dieses Aromawasser ist reich an Antioxidantien und ist an den Tagen, an denen man Lust auf Soft Drinks aus dem Supermarkt hat, eine große Hilfe dabei, standhaft zu bleiben. Die Geschmacksrichtungen der Zutaten passen gut zusammen, und sobald sie durchgezogen sind, schmecken sie leicht und haben den gewissen Pep. Dieses Aromawasser kann auch mit Mineralwasser zubereitet werden.

1 Vanilleschote
200 bis 400 g frische Kirschen, entkernt
2 Liter Wasser

Die Vanilleschote in den Krug geben und mit dem Stößel zerstoßen.

Die Kirschen hinzufügen und die Zutaten eine Minute lang zerstoßen.

Das Wasser darübergießen und vor dem Servieren für 1 bis 8 Stunden kühl stellen.

Wenn man einen Kirschentkerner zum Entkernen der Kirschen verwendet, sollten die Kirschen danach in Scheiben geschnitten werden. Wenn man ein Messer zum Entkernen verwendet, sind die Früchte schon geschnitten und man kann sie direkt in den Krug geben.

Cranberry-Pfirsich-Wasser

Ergibt 2 Liter   Vorbereitungszeit: 9 Minuten

Sowohl Cranberrys als auch Pfirsiche enthalten viele Antioxidantien und passen geschmacklich sehr gut zusammen. Wenn man keine Pfirsiche bekommt, kann man die Cranberrys auch mit Orangen kombinieren. Aromawasser aus Cranberrys und Pfirsich ist sanft und sättigend, und man will es den ganzen Tag trinken.

> 200 g frische oder gefrorene Cranberrys
> 2 oder 3 reife Pfirsiche, entkernt und in Scheiben
> 2 Liter Wasser

Jede Cranberry anstechen, damit das Aroma freigesetzt wird, und in den Krug geben.

Die Pfirsiche hinzufügen und mit Wasser übergießen.

Vor dem Servieren für 2 bis 8 Stunden kühl stellen.

Gefrorene Cranberrys müssen nicht angestochen werden, bevor sie in den Krug gegeben werden. Für dieses Rezept können auch getrocknete Cranberrys als Alternative zu frischen oder gefrorenen verwendet werden. Es sollten dann aber ungezuckerte getrocknete Cranberrys sein. Sollten keine ungezuckerten zu bekommen sein, können getrocknete Früchte mit Apfelsüßer (dann aber nur 100 g) verwendet werden.

Entgiftende Aromawasser

Melonenmix-Salbei-Wasser

Ergibt 2 Liter   Vorbereitungszeit: 2–7 Minuten

Wassermelone besteht, wie der Name sagt, hauptsächlich aus Wasser und schmeckt köstlich. Salbei bringt eine ganz besondere Note, die genau richtig ist, vorausgesetzt das Gewürz wird in Maßen und dafür viel Melone verwendet. Auch andere Melonensorten passen gut zu Salbei und können nach Belieben kombiniert werden. Die Melonen können geschnitten gekauft werden, damit es schneller geht, oder man kann sie einfach in Ecken und das Fruchtfleisch von der Schale schneiden – kein Grund für Stückchen oder Kugeln, außer das Aromawasser soll schön präsentiert werden.

3 große Blätter Salbei
200 g Wassermelone, in Stückchen
200 g Cantaloupe-Melone oder eine andere Sorte, in Stückchen
2 Liter Wasser

Die Salbeiblätter in den Krug geben und zerstoßen.

Die Melonen hinzufügen und nach Belieben zerstoßen.

Das Wasser hinzugeben und vor dem Servieren für 1 bis 12 Stunden kühl stellen.

Blaubeeren-Apfel-Wasser

Ergibt 2 Liter   Vorbereitungszeit: 3 Minuten

Äpfel und Blaubeeren passen wunderbar zusammen und ergeben ein süßes und zugleich herbes Aromawasser. Auch die Kombination mit Zimt und Zitrone schmeckt hervorragend, sodass eine der beiden Zutaten nach Belieben hinzugefügt werden kann. Beide Früchte haben einen hohen Anteil an Antioxidantien. Blaubeeren wirken vor allem antiviral. Blaubeeren sollen außerdem gut für das Gedächtnis sein.

2 rote Äpfel, in Scheiben
200 g frische Blaubeeren
2 Liter Wasser

Die Äpfel in den Krug geben.

Die Zutaten ein oder zwei Minuten lang zerstoßen.

Die Blaubeeren hinzufügen und sanft zerstoßen.

Das Wasser hinzugeben und vor dem Servieren für 1 bis 12 Stunden kühl stellen.

Es ist nicht notwendig, das Kerngehäuse der Äpfel für die Zubereitung von Aromawasser zu entfernen. Allerdings können die Kerne bitter sein, sodass es das Rezept süßer macht, wenn sie entfernt werden, bevor sie in Scheiben geschnitten werden.

Rote-Trauben-Kiwi-Wasser

Ergibt 2 Liter   Vorbereitungszeit: 6 Minuten

Rote Trauben und Kiwis sind ein echter Hingucker im Wasserkrug und enthalten viele Antioxidantien. Wie ein Aromawasser aus fruchtigem Wein hat dieses Getränk einen angenehm süßen und würzigen Geschmack mit einer exotischen Note.

> 3 reife Kiwis, geschält
> 200 g rote kernlose Trauben
> 2 Liter Wasser

Die Kiwis und die Trauben in den Krug geben.

Die Zutaten nach Belieben eine Minute lang zerstoßen.

Das Wasser hinzugeben und vor dem Servieren für 2 bis 10 Stunden kühl stellen.

Mango-Aprikosen-Chili-Wasser

Durch den Hauch von Chili schmeckt dieses Aromawasser absolut nach Süden. Die Schärfe weckt die süßen Früchte und lässt sie aufleben. Kein Wunder, dass Mangos ihren Weg in Salate und sowohl deftige als auch süße Gerichte finden!

1 reife Mango, geschält, entkernt und in Scheiben
3 reife Aprikosen, entkernt und in Scheiben
1 frische Chilischote oder 1 Prise Cayennepfeffer
2 Liter Wasser

Die Mango und die Aprikosen in den Krug geben.

Die Zutaten eine Minute lang nach Belieben zerstoßen.

Die Chilischote oder eine Prise Cayennepfeffer hinzufügen.

Das Wasser hinzugeben und vor dem Servieren für 2 bis 12 Stunden kühl stellen..

Beim Waschen der Chilischoten oder wenn man sie einfach nur in der Hand hält, sollten bei empfindlicher Haut Handschuhe getragen werden. Gummihandschuhe sind in der Küche sehr praktisch, damit die Finger nicht durch Gewürze wie Kurkuma verfärbt oder wie Pfeffer gereizt werden.

Entgiftende Aromawasser

Vitaminreiche Aromawasser

Obwohl es mittlerweile üblich ist, Vitaminzusätze zu nehmen, ist das nicht der effizienteste Weg, dem Vitaminmangel entgegenzuwirken. Tatsächlich kann der Körper die Vitamine aus Nahrungsergänzungsmitteln nicht so gut aufnehmen wie aus natürlichen Lebensmitteln. Wenn man Aromawasser mit hohem Vitamingehalt trinkt, kann der Körper die Vitamine einfacher nutzen als bei einem Nahrungsergänzungsmittel. Die Wissenschaft konnte den Vitamingehalt, den Wasser während des Einziehens im Vergleich zum Essen ganzer Früchte aufnimmt, bislang noch nicht bestimmen. Sicher ist aber, dass Aromawasser, wie es in diesem Kapitel vorgestellt wird, eine einfache Möglichkeit darstellt, die Vitaminaufnahme zu erhöhen ohne die Zuckerbelastung, die man durch Säfte oder Smoothies hätte.

Sowohl Säfte als auch Smoothies haben einen hohen Nährwert und können als gesunde Getränke angesehen werden. Aromawasser kann man allerdings in größeren Mengen genießen, da es weniger Kalorien hat. Man darf nicht vergessen, dass Aromawasser zwar eine zusätzliche Vitaminquelle darstellt, aber dennoch eine gute Ernährung nicht ersetzt. Außerdem sollte man auf jeden Fall den Empfehlungen von Ärzten folgen. Diese vitaminreichen Aromawasser trinkt man gern, und sie geben zusätzlich zu einem gesunden Lebensstil einen Schub an Nährstoffen.

Himbeer-Pfirsich-Ananas-Wasser

Ergibt 2 Liter   Vorbereitungszeit: 5 Minuten

Nicotinsäure und Pantothensäure sind gut für die Haut, und beide werden vom leckeren Wasser aufgenommen. Himbeeren und Ananas liefern beide Folsäure und natürliches Vitamin C, E und ein bisschen Vitamin K. Diese Früchte eignen sich ausgezeichnet für Aromawasser und lassen sich gut miteinander mischen. Gesund schmeckt großartig!

200 g frische Himbeeren
2 Pfirsiche, entkernt und in Scheiben
200 g Ananasstücke
2 Liter Wasser

Die Früchte in den Krug geben und etwa eine Minute lang zerstoßen.

Das Wasser hinzugeben und vor dem Servieren für 1 bis 8 Stunden kühl stellen.

Beim Kauf einer Ananas sollte man darauf achten, dass sie duftet und man ganz leicht ein Blatt abreißen kann. So weiß man, dass sie wirklich reif ist. Dann einfach die Schale abschneiden und das süße, gelbe Fruchtfleisch nutzen.

Grapefruit-Wassermelonen-Wasser

Ergibt 2 Liter   Vorbereitungszeit: 3 Minuten

Mit dem hohen Gehalt an Vitamin A, C und B hat Aromawasser aus Grapefruit und Wassermelone ein belebendes und schlankmachendes Duo. Die süße Wassermelone gleicht das bittere Aroma der Grapefruit aus, und es entsteht ein Aromawasser, das einen hohen Vitamingehalt hat und gern getrunken wird. Um den Geschmack zu verstärken, können Kräuter wie zum Beispiel Minze oder Basilikum hinzugefügt werden. Indem man die Mengen ändert, kann man herausfinden, was am besten schmeckt.

1 Grapefruit, in Scheiben
400 g Wassermelone, kleingehackt
2 Liter Wasser

Die Früchte in den Krug geben und etwa eine Minute lang zerstoßen.

Das Wasser hinzugeben und vor dem Servieren für 1 bis 8 Stunden kühl stellen.

Brombeer-Birnen-Wasser

Das ist eine köstliche Kombination, die in einem Einmach-glas oder Krug fantastisch aussieht. Brombeeren haben Vitamin A, C und auch B. Birnen enthalten zusätzlich ein wenig Vitamin E. Dies kann dem Körper helfen, sich von Umweltschadstoffen zu reinigen.

1 große oder zwei kleine Birnen
200 bis 400 g frische Brombeeren
2 Liter Wasser

Die Birne in Scheiben schneiden, das Kerngehäuse entfernen und in den Krug geben.

Eine Minute lang zerstoßen, um das Aroma freizusetzen, und dann die Brombeeren hinzufügen.

Alles eine weitere Minute zerstoßen.

Das Wasser hinzugeben und vor dem Servieren für 1 bis 12 Stunden kühl stellen.

Der Reifeprozess der Früchte soll beschleunigt werden? Einfach in eine Papiertüte geben und diese an einen warmen Ort in der Küche legen. In den Wintermonaten dürfte der wärmste Ort auf dem Kühlschrank sein.

Bananen-Mango-Pfirsich-Wasser

Süß, fruchtig und vitaminreich. Dieses Aromawasser macht Wassertrinken zu einer Gaumenfreude. Es schmeckt auch mit Lavendel oder Basilikum sehr gut. Ein Pfirsich enthält 6 Mikrogramm Folsäure und hat einen deutlich höheren Gehalt an Vitamin A, C und K. Bananen haben überraschende 10,3 Milligramm Vitamin C und gleichzeitig einen hohen Kaliumgehalt sowie Vitamin B und ein wenig Vitamin A und E. Mango enthält mehr Vitamine als Banane, sodass dies alles in allem ein durstlöschendes und nahrhaftes, süßes Getränk ergibt.

1 reife Banane, in Scheiben
1 reife Mango, geschält, entkernt und in Scheiben
2 reife Pfirsiche, entkernt und in Scheiben
1,5 kg Eiswürfel
500 ml Wasser

Die Fruchtscheiben in den Krug geben und etwa eine Minute lang zerstoßen.

Die Eiswürfel auf die Früchte legen und dann das Wasser darübergeben.

Vor dem Servieren für 1 bis 12 Stunden kühl stellen.

Erdbeer-Wassermelone-Minze-Wasser

Ergibt 2 Liter   Vorbereitungszeit: 3 Minuten

Vitamin A und Folsäure kommen in allen Zutaten dieses Rezepts vor. Erdbeere und Wassermelone sind nicht nur eine süße Kombination. Beide liefern außerdem den höchsten Vitamingehalt, den man in Früchten finden kann. Dieses Aromawasser ist bei denjenigen beliebt, die zuvor noch nie eines getrunken haben – und es sieht auch noch so toll aus!

2 Stängel frische Minze
100 g Erdbeeren, in Scheiben
400 g Wassermelone, in Stücken
2 Liter Wasser

Die Minzestängel in den Krug geben und zerstoßen.

Die Früchte dazugeben und etwa eine Minute lang zerstoßen.

Das Wasser hinzugeben und vor dem Servieren für 1 bis 8 Stunden kühl stellen.

Um dieses Aromawasser den ganzen Tag frisch und fruchtig zu halten, einfach beim Nachschenken einige Fruchtscheiben und neues Wasser nachfüllen.

Trauben-Bananen-Orangen-Wasser

Ergibt 2 Liter   Vorbereitungszeit: 4 Minuten

Trauben haben einen hohen Vitamin-A-Gehalt und enthalten 22 Mikrogramm Vitamin K, das für gesunde Knochen wichtig ist. Dieses Trio ist eine Vitaminbombe, die bei jedem Schluck Freude bereitet und an den Sommer erinnert, auch wenn die Blätter schon lange von den Bäumen gefallen sind.

- 1 oder 2 Orangen, in Scheiben
- 200 g grüne, kernlose Trauben
- 1 reife Banane, geschält und in Scheiben
- 2 Liter Wasser

Die Orangenscheiben in den Krug geben und einen Moment lang zerstoßen.

Die Trauben hinzufügen und ebenfalls zerstoßen.

Die Banane hinzufügen und das Wasser darübergießen.

Vor dem Servieren für 2 bis 12 Stunden kühl stellen.

Überreife Bananen können geschält und eingefroren werden, um sie für Aromawasser, Smoothies oder Snacks zu verwenden. Im Gefrierschrank halten sie mehrere Monate.

Vitaminreiche Aromawasser

Ananas-Erdbeer-Trauben-Wasser

Ergibt 2 Liter   Vorbereitungszeit: 3 Minuten

Dies ist eine weitere vitaminreiche Kombination, die süß und einfach köstlich ist. Erdbeeren und Ananas passen sehr gut zusammen, und durch die Trauben erhalten sie einen moschusartigen Beigeschmack. Für dieses Rezept eignen sich rote oder grüne Trauben. Für einen stärkeren Vitamin-C-Schub können ein paar Scheiben Zitrone hinzugefügt werden.

    200 g Ananasstücke
    200 g Erdbeeren, in Scheiben
    200 g grüne oder rote, kernlose Trauben
    2 Liter Wasser

Die Früchte in den Krug geben und etwa eine Minute lang zerstoßen.

Das Wasser hinzugeben und vor dem Servieren für 1 bis 8 Stunden kühl stellen.

Kiwi-Himbeer-Wasser

Kiwis sind prall gefüllt mit Vitamin A, B, C und K. Während die Säure der Orangen zu Magenschmerzen führen kann, sind Kiwis mild genug, um im Normalfall keinerlei Probleme zu bereiten. Zusammen mit den fruchtigen Himbeeren sorgen die Kiwis in diesem Rezept für ein Aromawasser, das das Immunsystem stärkt.

100 g frische Himbeeren
3 Kiwis, geschält und in Scheiben
2 Liter Wasser

Die Früchte in den Krug geben und etwa ein oder zwei Minuten lang zerstoßen.

Das Wasser hinzugeben und vor dem Servieren für 1 bis 8 Stunden kühl stellen.

Vitaminreiche Aromawasser

Petersilie-Limetten-Pfirsich-Wasser

Ergibt 2 Liter   Vorbereitungszeit: 3 Minuten

Petersilie hat nicht nur extrem viel Vitamin A und C, es enthält auch noch viel Kalzium und Eisen. Zusammen mit Limette und Pfirsich verwandelt sich dieser grüne Salat in ein fantastisches Getränk.

- 2 Limetten, in Scheiben
- 3 Pfirsiche, entkernt und in Scheiben
- 3 bis 4 Stängel frische Petersilie
- 1,5 kg Eiswürfel
- 500 ml Wasser

Die Limetten in den Krug und dann die Pfirsichscheiben darübergeben.

Eine Minute lang zerstoßen und dann die Petersilie mit den Eiswürfeln hinzufügen.

Das Wasser hinzugeben und vor dem Servieren für 3 bis 12 Stunden kühl stellen.

Die Petersilie kann nach Belieben zerstoßen werden, aber nur wenn der Petersiliengeschmack gegenüber den anderen Zutaten dominieren soll. Die Früchte zu zerstoßen und die Petersilie einziehen zu lassen, ergibt hingegen eine ausgewogenere Melange der Zutaten.

Explosive
Sommerbeeren

Ergibt 2 Liter   Vorbereitungszeit: 3 Minuten

Erdbeeren, Blaubeeren und Brombeeren sind Symbole verschiedener Sommermonate. Die reifen Beeren können gepflückt werden, wenn die Möglichkeit besteht, und dann für die Zeit eingefroren werden, in der sie nicht erhältlich sind. Wer keine Erdbeeren mehr hat, kann für dieses Rezept auch Himbeeren verwenden.

200 g frische Blaubeeren
200 g frische Brombeeren
200 g Erdbeeren, in Scheiben
2 Liter Wasser

Die Früchte in den Krug geben und etwa eine Minute lang zerstoßen.

Das Wasser hinzugeben und vor dem Servieren für 1 bis 8 Stunden kühl stellen.

Belebende
Aromawasser

Aromawasser ist an sich belebend, da es mit gesunden Vitaminen und Mineralstoffen angereichert ist. Wer seinem Körper durch frische Früchte Wasser zuführt, hat auch mehr Energie. Da die meisten Früchte viel Vitamin A und C enthalten, stärken sie außerdem das Immunsystem. Wenn der Körper damit beschäftigt ist, gegen eine Erkältung oder Infektion zu kämpfen, verwendet er die Energiereserven, und das bremst aus. Diese belebenden Aromawasser sind mit energiebringenden Zutaten zubereitet, welche die Energiereserven wieder aufladen, sodass man sich gestärkt fühlt. Viele der Zutaten dieses Rezepts enthalten außerdem Vitamin B, das direkt zur Adenosintriphosphat-Produktion, kurz ATP-Produktion, beiträgt, der Hauptenergiequelle der Zellen.

Damit der Körper einwandfrei mit voller Energie funktionieren kann, muss er ausgeglichen sein. Ein idealer pH-Wert ist leicht basisch. Hatten Sie jemals einen Energieschub und erhöhte mentale Klarheit, nachdem Sie basisches Wasser getrunken haben? Wer sich gesund ernährt und dabei den pH-Wert im Gleichgewicht hält, wird dieses Gefühl jeden Tag haben. Diese belebenden Aromawasser putschen nicht wie Kaffee auf, sondern spenden saubere, klare und gesunde Energie.

Aprikosen-Zitronen-Wasser

Ergibt 2 Liter   Vorbereitungszeit: 3 Minuten

Reife, gold-orangefarbene Aprikosen vermischen sich so gut mit Zitronen, dass man versucht ist, ein bisschen mehr zu kaufen, um daraus einen Aprikosen-Zitronen-Pudding oder Kuchen zu machen oder einfach nur, leckere Aprikosen mit einem Spritzer Zitrone zu essen, während man an dem belebenden Aromawasser nippt. Aprikosen können gegen trockene Haut und splissige Haare helfen.

4 oder 5 Aprikosen, entkernt und in Scheiben
2 Zitronen, in Scheiben
2 Liter Wasser

Die Aprikosen und Zitronen in den Krug geben.

Alles eine Minute lang zerstoßen und dann Wasser darübergießen.

Vor dem Servieren für 1 bis 8 Stunden kühl stellen.

Blaubeer-Mango-Limetten-Wasser

Ergibt 2 Liter **Vorbereitungszeit: 6 Minuten**

Erst die leckere und alkalisierende Limette bringt die Süße der Blaubeeren und der Mango hervor. Wer mehr Farbe in seine Ernährung bringen möchte, macht mit dem Grün, Blau und Orange einen guten Anfang, was im Krug auch noch ganz toll aussieht.

1 Mango, geschält und in Stücken
200 g frische Blaubeeren
1 oder 2 Limetten, in Scheiben
2 Liter Wasser

Die Mango und die Blaubeeren in den Krug geben.

Die Zutaten ein oder zwei Minuten lang zerstoßen.

Die Limettenscheiben und das Wasser hinzufügen.

Vor dem Servieren für 1 bis 12 Stunden kühl stellen.

Man sollte die Beeren immer einmal überprüfen, bevor sie für ein Rezept verwendet werden, um die verfaulten oder zerquetschten zu entfernen. Dann kann man sicher sein, dass das Aromawasser so frisch und geschmackvoll wie möglich ist.

Pfefferminz-Pfirsich-Wasser

Ergibt 2 Liter   Vorbereitungszeit: 3 Minuten

Allein der Gedanke an Pfefferminze kann schon einen leichten Energieschub bringen. Pfefferminze und Pfirsich sind zwar eine ungewöhnliche, aber beflügelnde Kombination, die den Tag versüßt. Der Energieschub beginnt mit dem Geruch der Pfefferminze, da dieser eine Reaktion im Gehirn auslöst. Während der Zubereitung dieses Aromawasser kann ein Blatt beiseitegelegt werden, falls das Bedürfnis nach dem frischen Minzearoma aufkommt.

2 bis 3 Stängel frische Pfefferminze
2 große Pfirsiche, entkernt und in Scheiben
2 Liter Wasser

Die Pfefferminze in den Krug geben und etwa eine Minute lang zerstoßen.

Den Pfirsich hinzufügen und ebenfalls zerstoßen.

Das Wasser hinzugeben und vor dem Servieren für 2 bis 12 Stunden kühl stellen.

Ingwer-Zitronen-Mango-Wasser

Ergibt 2 Liter   Vorbereitungszeit: 3 Minuten

Erfrischender Ingwer passt hervorragend zur süßen Mango und zur spritzigen Limette für ein belebendes und stärkendes Aromawasser, das so gut schmeckt, dass man es vielleicht einmal auf einer Speisekarte finden wird. Ingwer-Tee ist im warmen Indonesien ein typisches Getränk, wo es als Erfrischung nach einer Reise oder an einem heißen Tag getrunken wird.

1 reife Mango, geschält, entkernt und in Scheiben
1 oder 2 Zitronen, in Scheiben
5 cm frischer Ingwer
2 Liter Wasser

Die Mango und die Zitronenscheiben in den Krug geben und eine Minute lang zerstoßen.

Den Ingwer schälen, in 1 cm dicke Scheiben schneiden und hinzufügen, dann Wasser darübergießen.

Vor dem Servieren für 1 bis 8 Stunden kühl stellen..

Erdbeer-Zitrus-Wasser

Ergibt 2 Liter **Vorbereitungszeit: 4 Minuten**

Erdbeeren sind für ihre beruhigende Wirkung bekannt, aber als leicht süße Frucht mit viel Vitamin C sind sie in Verbindung mit Zitrusfrüchten perfekt für belebende Aromawasser. In diesem Rezept kann jeder selbst wählen, welche Zitrusfrucht verwendet wird – es schmeckt mit allen. Die Kraft von Zitronen und Limetten gibt neue Energie, und die Superkraft von Grapefruit ist gut für den Blutzucker.

200 g Erdbeeren, in Scheiben
1 Grapefruit oder Orange (oder 2 Zitronen oder
    Limetten), in Scheiben
2 Liter Wasser

Die Früchte in den Krug geben und etwa eine Minute lang nach Belieben zerstoßen.

Das Wasser hinzugeben und vor dem Servieren für 1 bis 8 Stunden kühl stellen.

Zitronen-Vanille-Wasser

Ergibt 2 Liter   Vorbereitungszeit: 3 Minuten

Zitrone und Vanille lassen eine leichte und belebende Mischung von Aromen und Geschmack entstehen. Er wird Sie vielleicht an Zitronenkuchen erinnern, aber das Getränk löscht den Durst und wirkt belebend. Wer jemals bemerkt hat, dass er besserer Laune ist, wenn er mehr Energie hat, für den ist dieses Aromawasser wahrscheinlich genau das richtige. Vanille kann die Laune verbessern, und man sagt ihr nach, dass sie angestauten Ärger löst. Kein Wunder also, dass sie so häufig für Parfum verwendet wird.

1 Vanilleschote
3 Zitronen, in Scheiben
2 Liter Wasser

Die Vanilleschote in den Krug geben und zerstoßen.

Die Zitronen und das Wasser hinzufügen.

Vor dem Servieren für 1 bis 8 Stunden kühl stellen.

Zitrone-Gurke-Petersilien-Wasser

Ergibt 2 Liter   Vorbereitungszeit: 3 Minuten

Leicht und prall gefüllt mit Vitaminen und Mineralstoffen ist dieses Trio eher erdig als süß. Wer seine Energie aus der Kraft des Vitamin C, Eisen und der belebenden Frische von Gurken beziehen will, für den ist diese Kombination das perfekte Aromawasser.

2 bis 3 Stängel frische Petersilie
1 mittelgroße Gurke, in Scheiben
1 oder 2 Zitronen, in Scheiben
2 Liter Wasser

Die Petersilie, Gurken und Zitronen in den Krug geben und nach Belieben zerstoßen.

Das Wasser hinzugeben und vor dem Servieren für 2 bis 8 Stunden kühl stellen.

Zimt-Birnen-Wasser

Zimt und Birnen passen zusammen wie die Noten einer Symphonie. Die süßen Birnen vermischen sich perfekt mit dem würzigen Zimt und ergeben so ein herrliches Getränk. Die belebende Kraft von Zimt kommt von der positiven Wirkung auf die Verdauung, und Zimt ist bekanntlich auch stimulierend für alle Vitalfunktionen des Körpers, wodurch die allgemeine Vitalität erhöht wird.

2 reife Birnen, entkernt und in Scheiben
1 Stange Zimt
2 Liter Wasser

Die Fruchtscheiben in den Krug geben und etwa eine Minute lang zerstoßen.

Die Zimtstange und das Wasser hinzufügen.

Vor dem Servieren für 2 bis 12 Stunden kühl stellen.

Wer keine Zimtstange hat, kann gemahlenen Zimt verwenden. Bio-Zimt kann sehr unterschiedlich schmecken, aber der Geschmack wird in dem Getränk deutlich, während Sie es trinken.

Belebende Aromawasser

Kiwi-Zitronen-Limette-Apfel-Wasser

Ergibt 2 Liter   Vorbereitungszeit: 6 Minuten

Für ein gutes Ergebnis kann man die Regel der Drei von Zeit zu Zeit auch mal brechen. In diesem Rezept bringt die Kiwi viel Vitamin C mit sich, das in Verbindung mit der Zitrone und Limette den Tag erhellen wird. Der Apfel sorgt für einen süßen Beigeschmack und eine leckere Mischung verschiedener Geschmacksrichtungen. Dieses Aromawasser ist nicht nur belebend, sondern auch ein super Durstlöscher.

- 1 großer Apfel, entkernt und in Scheiben
- 2 oder 3 Kiwis, in Scheiben
- 1 Zitrone, in Scheiben
- 1 Limette, in Scheiben
- 2 Liter Wasser

Die Früchte in den Krug geben.

Die Zutaten eine Minute lang nach Belieben zerstoßen.

Das Wasser hinzugeben und vor dem Servieren für 1 bis 8 Stunden kühl stellen.

Erdbeer-Kakao-Mango-Wasser

Ergibt 2 Liter **Vorbereitungszeit: 3 Minuten**

Kakao ist ein natürlicher Energiespender, da er etwas Koffein enthält. Außerdem verleiht er der süßen Mango mit den Erdbeeren eine pfiffige Note. Versuchen Sie, reife Erdbeeren zu finden. So spenden sie nicht nur die meiste Energie, sondern haben auch in Kombination mit Mango und Kakao einen hervorragenden Geschmack. Diese Mischung macht munter und zaubert ein Lächeln auf die Lippen.

1/2 Teelöffel Kakaopulver
1 reife Mango, geschält, entkernt und in Scheiben
200 g Erdbeeren, in Scheiben
2 Liter Wasser

Das Kakaopulver in den Krug geben.

Die Mangostückchen bzw. -scheiben hinzufügen und zerstoßen, wenn gewünscht.

Die Erdbeeren und das Wasser hinzufügen.

Vor dem Servieren für 1 bis 8 Stunden kühl stellen.

💧 *Man kann Johannisbrotkernmehl als Alternative zu Kakaopulver verwenden. Johannisbrot ist süß (nicht bitter wie Kakao) und enthält kein Koffein.*

Aromawasser
aus Kräutern

Manchmal sehnt man sich nach dem reichen und erdigen Geschmack von Kräutertee oder möchte die medizinische Wirkung von Kräutern genießen. Sie schmecken allein oder in Kombination mit anderen lecker, sind erfrischend und belebend, wenn sie für Aromawasser verwendet werden.

Auch bei Tee müssen die Zutaten ziehen. Dabei entsteht ein starkes Kräutergetränk, das manchen Menschen zu kräftig ist, die das sanfte Aroma eines kühlen Aromawasser bevorzugen. Das Tolle an Aromawasser aus Kräutern ist, dass es für jeden Geschmack eine Variante gibt und man dadurch gern Wasser trinkt.

Rosmarin-Wasser

Ergibt 2 Liter   Vorbereitungszeit: 3 Minuten

Rosmarin wird nachgesagt, dass er gut für den Kreislauf, gegen Halsschmerzen und für die Leistungsfähigkeit des Gehirns ist. Rosmarin wächst an kleinen Büschen und ist mit Minze verwandt. Er ist kräftig und geschmackvoll. Ein Zweig Rosmarin sieht in einem Wasserkrug wundervoll aus und sorgt für einen leckeren Geschmack, der sich auch entfaltet, wenn man ihn nicht zerstößt.

1 großer Zweig Rosmarin
500 g Eiswürfel
1,5 Liter Wasser

Den Rosmarin in den Krug geben.

Ihn mit den Eiswürfeln bedecken und dann das Wasser darübergeben.

Vor dem Servieren für 3 bis 12 Stunden kühl stellen.

Thymian-Basilikum-Wasser

Ergibt 2 Liter   Vorbereitungszeit: 3 Minuten

Dieselben Kräuter, die Salatdressing das gewisse Etwas geben, sind in Aromawasser beinahe süß. Da sich sowohl Thymian als auch Basilikum positiv auf die Stimmung auswirken, könnte man dieses Getränk auch Gute Laune-Wasser nennen. Anders als andere Getränke mit Koffein wirkt dieses freche Aromawasser beruhigend und ist auch gut für die Verdauung.

- 8 bis 10 Basilikumblätter
- 1 Zweig Thymianblätter
- 2 Liter Wasser

Die Basilikumblätter und den Thymianzweig in den Krug geben.

Alles mit Wasser bedecken.

Vor dem Servieren für 8 Stunden kühl stellen.

Aromawasser aus Kräutern

Zitronen-Salbei-Wasser

Ergibt 2 Liter   Vorbereitungszeit: 5 Minuten

Salbei ist der unbesungene Held unter den Kräutern. Häufig wird er im Herbst und Winter für herzhafte Gerichte verwendet, aber er schmeckt das ganze Jahr über wunderbar. Der wissenschaftliche Name für Salbei kommt vom Lateinischen salvus – gesund. Salbei und Zitrone werden zu einem wundervollen Aromawasser, das die Leistungsfähigkeit des Gehirns erhöhen und Erkältungen abhalten kann. Probieren Sie Salbei in Kombination mit Früchten und allein. Hier wird er durch die Zitrone aufgewertet.

7 bis 10 Salbeiblätter
1 Zitrone, in Scheiben
2 Liter Wasser

Salbei in den Krug geben.

Für einen stärkeren Geschmack die Zutaten mit einem Holzkochlöffel oder Stößel zerstoßen.

Die Zitronenscheiben darauflegen und das Wasser hinzufügen.

Vor dem Servieren für 3 bis 8 Stunden kühl stellen.

Einfaches Zimt-Wasser

Aromawasser aus Zimt hat einen überraschenden Geschmack. Ist es würzig? Süß? Belebend? Es scheint alles gleichzeitig zu sein. Zimt schmeckt zwar mit sehr vielen Zutaten zusammen sehr gut, aber er ist auch allein einfach fantastisch und sieht zudem im Krug hübsch aus. Zimt ist ein wärmendes Gewürz. Allerdings ist er in Aromawasser deutlich milder als in einem Essensrezept, sodass er auch an warmen Tagen schmeckt.

2 Liter Wasser
1 Stange Zimt

Das Wasser in den Krug geben und die Zimtstange hinzufügen.

Vor dem Servieren für 8 bis 12 Stunden kühl stellen.

 Die Zimtstange kann mehrere Male verwendet werden.

Majoran-Minze-Wasser

Ergibt 2 Liter   Vorbereitungszeit: 3 Minuten

Majoran ist dafür bekannt, dass er gut gegen Stress, Schlaf-probleme und Unterleibskrämpfe wirkt. In Verbindung mit Minze entsteht ein tolles Kräutergetränk, das die Verdauung unterstützt. Die Mengen können nach Belieben angepasst werden. Es können die angegebenen Mengen dieser Kräuter verwendet oder auch von einem davon mehr genutzt werden.

10 Minzeblätter
5 Majoranblätter
2 Liter Wasser

Die Blätter und das Wasser in den Krug geben.
Für 8 bis 12 Stunden kühl stellen.

Minze schlägt schnell Wurzeln. Ein oder zwei Blätter der Lieblingsminze (meine ist Schokoladenminze) nehmen und in ein Wasserglas legen, bis sich Wurzeln bilden. Sie muss anschließend in Erde eingepflanzt werden, damit sie einen Nährboden hat.

Lavendel-Wasser

Ergibt 2 Liter   Vorbereitungszeit: 2 Minuten

Lavendel ist für jedermann. Sein beruhigender Duft kann Angstzustände, Depressionen und Reizbarkeit lindern. Lavendel schmeckt sowohl in herzhaften als auch süßen Gerichten wunderbar und ist in einem Krug auch noch schön anzuschauen. Es ist sinnvoll, Lavendel zu kaufen, der zum Kochen geeignet ist.

   2 Zweige Lavendel
   2 Liter Wasser

Den Lavendel und das Wasser in den Krug geben.

Vor dem Servieren für 8 Stunden kühl stellen..

Lavendel ist auch als Strauß erhältlich. Was nicht für Aromawasser genutzt wird, kann für Kekse, Teegebäck oder für den schönen Duft, den die trocknenden Blumen in einer Vase abgeben, Verwendung finden.

Zitronen-Estragon-Wasser

Zitrone und Estragon passen wunderbar zusammen. Estragon sorgt für ein subtiles erdiges Aroma, das die Zitrone selbst nicht hat. Estragon wird nachgesagt, dass er sich positiv auf die Augen und die Verdauung auswirkt. Er ist vor allem für das weibliche Fortpflanzungssystem gut, aber Schwangere sollten darauf verzichten.

5 Estragonblätter
2 Zitronen, in Scheiben
500 g Eiswürfel
1,5 Liter Wasser

Den Estragon und die Zitronenscheiben in den Krug geben.

Das Eis hinzufügen und das Wasser darübergießen.

Vor dem Servieren für 4 bis 8 Stunden im Kühlschrank ziehen lassen.

Petersilie-Vanille-Wasser

Ergibt 2 Liter   Vorbereitungszeit: 5 Minuten

Wetten, dass Sie an diese Kombination noch nie gedacht haben? Bittere Petersilie wird selten mit samtiger Vanille kombiniert. Für ein erfrischendes Getränk ist der Geschmack dieses Aromawasser eine herrliche Mischung, den man wieder und wieder schmecken will.

- 1 Vanilleschote
- 4 Stängel frische glatte Petersilie
- 2 Liter Wasser

Die Vanilleschote entweder in der Mitte durchschneiden oder ein wenig im Krug zerstoßen.

Die Petersilie und das Wasser hinzufügen.

Vor dem Servieren für 6 bis 8 Stunden kühl stellen.

Dill-Wasser

Ergibt 2 Liter   Vorbereitungszeit: 2 Minuten

Bei Dill denken viele als Erstes an Essiggurken. Aber dieses leckere Aromawasser hat damit keinerlei Ähnlichkeit. Man trinkt es gern, denn es ist auf spritzige Art würzig. Dill ist gut für den Geist und für den Magen. Außerdem ist er für Menschen mit Schlafproblemen perfekt. Es ist ein einfaches und praktisches Aromawasser.

1 großer Zweig Dill
2 Liter Eiswürfel

Den Dill und das Wasser in den Krug geben.

Vor dem Servieren für 8 Stunden kühl stellen.

Basilikum-Minze-Wasser

Basilikum und Minze sind aus der gleichen Familie. Wenn man sie miteinander kombiniert, ergibt das einen komplexen, aber angenehmen Geschmack. Basilikum ist als stärkendes Kraut bekannt, das das mentale Gleichgewicht wiederherstellen kann. Minze stimuliert leicht und ist gut für die Verdauung. Minze kühlt, während Basilikum wärmt, sodass sie in Kombination theoretisch neutral sind. Und köstlich.

5 Basilikumblätter
5 Minzeblätter
500 g Eiswürfel
1,5 Liter Wasser

Die Minze und das Basilikum in den Krug geben.

Eine halbe Minute zerstoßen.

Das Eis hinzufügen und das Wasser darübergießen.

Vor dem Servieren für 6 bis 8 Stunden ziehen lassen.

Aromawasser aus Kräutern

Originelle Aromawasser

Jetzt heißt es, mit originellen Aromawasser-Rezepten kreativ zu werden. Die Rezepte in diesem Buch sollen dazu anregen, sein eigenes Aromawasser zuzubereiten und eigene Ideen für neue Kombinationen auszuprobieren. Lieblingskombinationen sollten aufgeschrieben werden, um sie nicht zu vergessen. Oder man markiert in diesem Buch jene, die am besten gefallen. Nehmen Sie eines der Rezepte, das Ihnen gefällt, und überlegen Sie sich, was Sie noch daraus machen könnten. Fügen Sie ein Kraut oder Gewürz hinzu, spielen Sie mit einer Prise Süßstoff oder ersetzen Sie verschiedene Früchte. Was könnte man ändern, um das Rezept noch besser zu machen?

Wer Zugang zu exotischen Früchten hat, sollte nicht zögern, sie auszuprobieren. Auch diese passen wunderbar zu Aromawasser. Litschis können zum Beispiel wie Trauben verwendet werden und Guave zieht genauso gut ein wie Mango. Wer exotische Früchte mag, sollte erfinderisch werden und schauen, was dabei herauskommt. Die Zutaten für die Rezepte dieses Kapitels können in jedem Supermarkt gekauft werden. Dennoch verleiht die Kombination ihrer Geschmacksrichtungen einen originellen Charakter.

Apfel-Salbei-Wasser

Ergibt 2 Liter   Vorbereitungszeit: 3 Minuten

Frischer Salbei scheint unabhängig von der Jahreszeit ein herbstliches Gefühl hervorzurufen. Dieses Salbeischlückchen kann selbst am heißesten Tag den frischen Herbstwind bringen. Der Apfel, eine Herbstfrucht, passt hervorragend zu Salbei und ergibt eine einzigartige Kombination, die sowohl simpel als auch komplex ist. Salbei ist bekannt für seine positive Wirkung in der Menopause, aber er kann auch beruhigend auf Menschen mit Angstzuständen wirken.

- 7 frische Salbeiblätter
- 2 Äpfel, entkernt und in Scheiben
- 2 Liter Wasser

Die Salbeiblätter in den Krug geben und kurz zerstoßen.

Die Apfelscheiben hinzufügen und ebenfalls zerstoßen.

Das Wasser hinzugeben und vor dem Servieren für 2 bis 12 Stunden kühl stellen.

Nur noch getrockneten Salbei im Haus? Kein Problem. Statt frischer können auch getrocknete Kräuter für Aromawasser verwendet werden. Je nachdem wie alt die Kräuter sind, müssten jedoch eventuell die Mengen erhöht werden.

Kakao-Zimt-Minze-Erdbeer-Wasser

Ergibt 2 Liter   Vorbereitungszeit: 4 Minuten

Kakao, Zimt und Minze sind eine originelle Kombination für Aromawasser, die beim Trinken munter macht. Erdbeeren passen zu jeder einzelnen Zutat, sollten allerdings reif und süß sein. Wenn die Frucht nicht so süß ist wie gewünscht, kann auch ein Hauch natürlicher Süßstoff oder eine andere süße Frucht wie zum Beispiel Mango oder Orange zu diesem Rezept hinzugefügt werden.

- 400 g Erdbeeren, in Scheiben
- 3 Stängel frische Minze
- 1/2 TL Kakaopulver
- 1 kleine Stange Zimt
- 2 Liter Wasser

Die Früchte in den Krug geben und zerstoßen, um den Geschmack freizusetzen.

Die Minze, den Kakao und die Zimtstange hinzufügen und das Wasser darübergießen.

Vor dem Servieren für 2 bis 12 Stunden kühl stellen.

Blaubeer-Orangen-Limetten-Thymian-Wasser

Ergibt 2 Liter   Vorbereitungszeit: 4 Minuten

Thymian ergibt in der Kombination mit Früchten einen unglaublich leckeren Geschmack, solange man nicht zu viel von dem Gewürz verwendet. Frischer Thymian liegt oft dicht an dicht, und man kommt schnell in Versuchung, einfach das gesamte Bündel in das Getränk zu werfen. Damit der Thymian nicht zu sehr dominiert, sollten lieber nur wenige Zweige frischen Thymians verwendet werden. Dadurch vermischt sich der Geschmack gut mit dem der Blaubeere, Orange und Limette. Dieses Aromawasser lindert die Symptome von Husten oder Erkältung.

- 200 g frische Blaubeeren
- 1 Orange, in Scheiben
- 1 Limette, in Scheiben
- 3 frische Zweige Thymian
- 2 Liter Wasser

Die Früchte und den Thymian in den Krug geben und alles etwa eine Minute lang zerstoßen.

Das Wasser hinzugeben und vor dem Servieren für 1 bis 8 Stunden kühl stellen.

Dieses Aromawasser passt ausgesprochen gut zu Fisch als Hauptgericht.

Rosmarin-Ananas-Wasser

Ergibt 2 Liter   Vorbereitungszeit: 2 Minuten

Die süße Ananas erhält von den stimulierenden Rosmarinblättern eine liebevolle Note. Rosmarin hat einen beißenden, kiefernartigen Duft, der leicht in Wasser einzieht und sich gut mit anderen kräftigen Geschmacksrichtungen wie dem der Ananas vermischt. Eine der vielen gesundheitlichen Auswirkungen von Rosmarin ist, dass er chemische Substanzen enthält, die das Immunsystem stärken, die Verdauung unterstützen und den Kreislauf verbessern.

- 400 g Ananasstückchen
- 2 frische Zweige Rosmarin
- 2 Liter Wasser

Die Ananas und den Rosmarin in den Krug geben und zerstoßen.

Das Wasser hinzugeben und vor dem Servieren für 1 bis 6 Stunden kühl stellen.

Rosmarin ist bekannt dafür, dass er sich hervorragend für Tee eignet, der sogar bei Schmerzen als Alternative zu Aspirin verwendet werden kann. Je länger die Zutaten für dieses Rezept einziehen, desto mehr wird dieses Getränk seine positive Wirkung entfalten.

Kakao-Himbeer-Nektarinen-Wasser

Ergibt 2 Liter   Vorbereitungszeit: 3 Minuten

Wie die meisten Zitrusfrüchte enthalten Nektarinen viel Vitamin C. Sie haben außerdem eine beachtliche Menge des Antioxidans Flavonoid. Himbeeren sind für ihre entzündungshemmende und antioxidative Wirkung und für ihre helle rote Farbe bekannt. Diese beiden Zutaten lassen in Kombination mit Kakao ein Aromawasser entstehen, das sowohl süß als auch bitter, sowohl sauer als auch herb ist. Wer für dieses Rezept keine Nektarinen zur Verfügung hat, kann ebenso Orangen verwenden. Der Geschmack und der Nährwert sind ähnlich.

400 g frische Himbeeren
1 bis 2 Nektarinen, in Scheiben
½ TL Kakaopulver
1,5 kg Eiswürfel
500 ml Wasser

Die Früchte und das Kakaopulver in den Krug geben.

Die Eiswürfel und das Wasser hinzufügen.

Vor dem Servieren für 1 bis 6 Stunden kühl stellen..

Lavendel-Pflaumen-Wasser

Ergibt 2 Liter   Vorbereitungszeit: 3 Minuten

Sowohl Pflaumen als auch Lavendel sind unheimlich wohlriechende Zutaten. Aromawasser aus Lavendel und Pflaumen ist einfach originell und erinnert an das langsame Tempo der Viktorianischen Zeit. Es wäre also keine Überraschung, wenn beim Trinken plötzlich die Lust aufkäme, sich ein gutes Buch zu greifen und eine ruhige Ecke zum Lesen zu suchen.

1 TL Lavendel

4 reife Pflaumen, entkernt und in Scheiben

2 Liter Wasser

Den Lavendel und die Pflaumenscheiben in den Krug geben.

Eine Minute lang zerstoßen.

Das Wasser hinzugeben und vor dem Servieren für 1 bis 8 Stunden kühl stellen.

Wiederverwendbare Taschen sind zwar umweltfreundlich, aber sie sind nicht immer auch die beste Wahl, um Früchte einzukaufen. Die beste Option, um die Früchte nicht zu zerdrücken, ist ein Einkaufskorb aus Flechtwerk. Diese Körbe sind leicht, einfach zu tragen und auch praktisch, wenn man ein Picknick plant.

Kirsch-Banane-Limette-Kokosnuss-Wasser

Rote, grüne und weiße Farben geben diesem Aromawasser in einem Krug ein besonders buntes Aussehen, das in Partylaune versetzen kann. Die Aromen bringen in Schwung, wenn die Süße mit der Limette eine Verbindung eingeht und sich die Säure mit der vollmundigen Kokosnuss vermischt. Diese geschmackvolle Kombination ruft die Vorstellung von einem Frühstück auf einer tropischen Insel oder einer Strandparty hervor.

1 reife Banane, geschält und in Scheiben

200 g Kirschen, entkernt

2 Limetten, in Scheiben

200 g frisches Kokosnussfleisch (oder 50 g getrocknetes)

2 Liter Wasser

Die Früchte und die Kokosnuss in den Krug geben und etwa eine Minute lang zerstoßen.

Das Wasser hinzugeben und vor dem Servieren für 2 bis 8 Stunden kühl stellen.

Wasser mit einem Strohhalm zu servieren kann dazu ermutigen, mehr zu trinken. Es macht erstens mehr Spaß mit einem Strohhalm zu trinken, und zweitens erinnert es uns an unsere Kindheit. Um mehr Wasser zu trinken, könnte ein Strohhalm genau richtig sein.

Basilikum-Zitronen-Feigen-Wasser

Ergibt 2 Liter   Vorbereitungszeit: 4 Minuten

Dieses Aromawasser aus Zitrone, Basilikum und Feigen klingt zwar fast nach einem Salatdressing, ist aber leicht, süß und belebend. Man sollte die reifen, süßen Feigen verwenden, die weich und innen nicht mehr weiß sind. Auch die Feigen, deren Schale außen ein wenig beschädigt ist oder Druckstellen hat, die darauf hinweisen, dass sie sehr reif sind, können verwendet werden.

- 3 frische Feigen, in Scheiben
- 1 Zitrone, in Scheiben
- 4 frische Basilikumblätter
- 2 Liter Wasser

Die Feigen mit den Zitronenscheiben in den Krug geben.

Die Basilikumblätter etwas zwischen den Fingern reiben, um den Geschmack freizusetzen, und dann zu den Früchten geben.

Das Wasser hinzugeben und vor dem Servieren für 1 bis 8 Stunden kühl stellen.

Cranberry-Apfel-Beeren-Wasser

Ergibt 2 Liter   Vorbereitungszeit: 6 Minuten

Dieses Aromawasser schmeckt wegen der Cranberrys mit trockenen Früchten besser als mit frischen. Die Beeren in diesem Rezept passen alle wunderbar zum Apfelgeschmack und lassen so eine leichte, süße und herbe Mischung entstehen. Wer fruchtige Süßigkeiten liebt, wird diese originelle Mischung wahrscheinlich immer und immer wieder trinken wollen.

100 g getrocknete, gesüßte Cranberrys
1 Apfel, entkernt und in Scheiben
200 g frische Blaubeeren oder Brombeeren
2 Liter Wasser

Die Früchte in den Krug geben und etwa eine Minute lang zerstoßen.

Das Wasser hinzugeben und vor dem Servieren für 2 bis 12 Stunden kühl stellen.

Um den getrockneten Cranberrys das meiste Aroma zu entlocken, kann das Trockenobst mit einem scharfen Messer in kleine Stückchen geschnitten werden.

Nektarinen-Feigen-Rosmarin-Wasser

Ergibt 2 Liter   Vorbereitungszeit: 4 Minuten

Süße Feigen und Nektarinen ergeben in Kombination mit Rosmarin ein exotisches Getränk, das eine Mischung aus tropischem Geschmack und dem Aroma der alten Welt ist. Bei diesem Aromawasser schmeckt man die harmonische Mischung der Zutaten aus aller Welt. Für dieses Rezept kann eine beliebige Zitrusfrucht gewählt werden. Nektarinen passen jedoch am besten zu diesem originellen Aromawasser, eine Frucht, die ohnehin stiefmütterlich behandelt wird.

2 Nektarinen, in Scheiben
3 frische Feigen, in Scheiben
1 oder 2 frische Zweige Rosmarin
2 Liter Wasser

Die Nektarinenscheiben, die Feigen und den Rosmarin in den Krug geben.

Das Wasser hinzugeben und vor dem Servieren für 2 bis 8 Stunden kühl stellen.

Rosmarinbüsche machen sich wunderbar in einem Garten, da diese sowohl einen tollen Duft spenden als auch immer mit frischem Rosmarin versorgen.

Spritzige
Aromawasser

ndem man Wasser Kohlenstoffdioxid hinzufügt, erhält man Wasser mit Kohlensäure bzw. Mineralwasser. Sie kennen vielleicht die Begriffe Sprudelwasser, Sodawasser oder Selters – diese meinen alle mehr oder weniger dasselbe. Es gibt viele Sorten Mineralwasser mit unterschiedlichem Kohlensäuregehalt. Man kann es auch selbst herstellen, indem man zum Beispiel den SodaStream verwendet. Mineralwasser ist eine Zutat, die in Maßen Teil einer gesunden Ernährung sein kann. Man sollte nur auf jeden Fall auch genug normales Wasser trinken!

Die Rezepte dieses Kapitels sind speziell für die Zubereitung mit Mineralwasser vorgesehen, während die meisten der bisherigen Rezepte in diesem Buch mit Wasser mit oder ohne Kohlensäure funktionieren. Mineralwasser verliert nach und nach seine Kohlensäure. Wenn das spritzige Aromawasser also nicht innerhalb von ein paar Stunden getrunken wird, sollte man es in eine Flasche abfüllen, die einen gut abdichtenden Deckel hat.

Spritziges Trauben-Birnen-Wassser

Ergibt 2 Liter   Vorbereitungszeit: 6 Minuten

Birnen und Trauben passen einfach herrlich zusammen, und ihr weiches Grün ist so erfrischend wie ihr Geschmack.

- 1 bis 2 reife Birnen
- 200 g grüne Trauben, halbiert
- 2 Liter Mineralwasser
- Frische Zweige Rosmarin, als Dekoration

Die Birnen in Scheiben schneiden und in einen Krug geben.

Eine Minute lang zerstoßen, dann die Trauben hinzufügen und Wasser darübergießen.

Den Krug für 2 Stunden kühl stellen und das Getränk in einem Wein- oder Martiniglas mit den Rosmarinzweigen servieren.

Wer ein weniger spritziges Aromawasser haben will, das zusätzlichen Geschmack durch die Früchte hat, sollte die Früchte und Kräuter für einige Stunden in einen Liter stillem Wasser ziehen lassen und vor dem Servieren einen weiteren Liter Wasser mit Kohlensäure hinzufügen.

Spritziges Himbeer-Vanille-Wasser

Im Aromawasser haben Himbeeren einen strahlenden Geschmack, der fast besser ist, als wenn sie frisch gegessen werden. Der unglaubliche Geschmack explodiert förmlich im Mineralwasser und passt hervorragend zur Vanille. Der Geschmack ist genauso spritzig wie das Wasser selbst. Mit Aromawasser aus Mineralwasser vermisst niemand Soft Drinks. Diese Kombination verleitet dazu, gleich mehrere Flaschen davon abzufüllen.

1 Vanilleschote
400 g frische Himbeeren
2 Liter Mineralwasser

Die Vanilleschote in den Krug geben und etwa eine Minute lang zerstoßen.

Die Himbeeren dazugeben und etwa 30 Sekunden lang zerstoßen.

Mineralwasser hinzugeben und vor dem Servieren für 1 bis 3 Stunden kühl stellen.

Spritzige Aromawasser

Spritziges Kaki-Basilikum-Wasser

Ergibt 2 Liter   Vorbereitungszeit: 5 Minuten

Kakis sehen mit ihrer orangefarbenen Schale und der rundlichen Form wie kleine Kürbisse aus, werden immer beliebter und sind inzwischen leichter erhältlich. Dieser Frucht wird nachgesagt, sie sei der asiatische Apfel. Es gibt zwei Sorten Kakis: Die Fuyu ist rundlich und knackig wie ein Apfel. Die Hachiya ist hingegen länglich wie eine Träne und weich wie Gelee. Beide schmecken süß und lecker, wenn sie reif sind, und beide eignen sich für Aromawasser.

    4 große, frische Basilikumblätter
    3 Kakis, in Scheiben
    2 Liter Mineralwasser

Das Basilikum in den Krug geben und etwa eine halbe Minute lang zerstoßen.

Die Kakis hinzufügen und auch zerstoßen.

Das Wasser hinzugeben und vor dem Servieren für 2 bis 6 Stunden kühl stellen.

Falls die Kakis in einer Schale verkauft werden, kann man die überreifen Früchte einfrieren, nachdem sie in Scheiben geschnitten wurden. Die Früchte können entweder für Aromawasser verwendet oder einfach wie ein natürliches Sorbet gefroren gegessen werden.

Spritziges Granatapfel-Minze-Wasser

Ergibt 2 Liter   Vorbereitungszeit: 4 Minuten

Granatapfel findet sich immer häufiger in Säften, Nachspeisen, Salaten und herzhaften Gerichten. Es macht Spaß, Granatapfel zu essen, und der Geschmack ist süß und herb zugleich, sodass er wunderbar zu Aromawasser passt. Außerdem ist die Farbe wunderschön. Manchmal findet man Granatapfelkerne, die bereits aus der Schale gelöst sind und nur darauf warten, gegessen zu werden.

5 bis 9 Stängel frische Minze
100 g Granatapfel (oder eine ganze Frucht, geschält
    und Granatapfelkerne getrennt)
2 Liter Mineralwasser

Die Minze in den Krug geben und etwa eine Minute lang zerstoßen.

Den Granatapfel dazugeben und alles für eine weitere Minute zerstoßen.

Das Mineralwasser hinzugeben und vor dem Servieren für 1 bis 4 Stunden kühl stellen.

Frischer Granatapfel ist reich an Antioxidantien, die zusätzlichen Nutzen für die Haut haben wie zum Beispiel Sonnenschutz, Unterstützung der Zellregeneration und mehr Feuchtigkeit.

Spritzige Ananas-Limonade

Ergibt 2 Liter   Vorbereitungszeit: 3 Minuten

Die spritzige Limonade bekommt durch die frische Ananas in diesem Rezept einen besonderen Beigeschmack. Da Ananas sehr süß ist, wird wahrscheinlich kein Süßstoff benötigt. Da es sich bei Aromawasser nicht um Saft oder Fruchtwasser handelt, ist der Geschmack leicht genug, um mehr davon trinken zu können als von normaler Limonade.

400 g frische Ananasstücke
3 Zitronen, in Scheiben
etwas Stevia, Honig oder Agave (optional)
2 Liter Mineralwasser

Das Obst in den Krug geben und etwa eine Minute lang zerstoßen.

Den Süßstoff hinzufügen (falls gewünscht) und dann das Wasser.

Vor dem Servieren für 1 bis 3 Stunden kühl stellen.

Statt frischer Ananas kann man, wenn nötig, auch gefrorene Stücke verwenden, aber getrocknete Ananas hat nicht denselben schwungvollen Geschmack.

Spritziges Kakao-Kirsche-Trauben-Wasser

Ergibt 2 Liter   Vorbereitungszeit: 3 Minuten

Dieses Rezept erinnert an Cola, ist aber weitaus gesünder. Man kann nach Belieben Süßemittel hinzufügen, allerdings sind sowohl die Kirschen als auch die Trauben ein guter Ausgleich für den bitteren Kakao, und das Getränk ist erfrischend sowie geschmackvoll.

- 100 g Kirschen, entkernt und halbiert
- 100 g Trauben, halbiert
- 200 g Kakaoraspeln
- 2 Liter Mineralwasser

Die Früchte und den Kakao in den Krug geben.

Für ein stärkeres Aroma die Zutaten zerstoßen.

Das Mineralwasser hinzugeben und vor dem Servieren für 3 bis 8 Stunden kühl stellen.

Wer keine Kakaoraspeln hat, kann stattdessen 100 g Pulver verwenden.

Spritziges Pfirsich-Cranberry-Limetten-Wasser

Ergibt 2 Liter   Vorbereitungszeit: 5 Minuten

Dies ist eine fruchtige Kombination, die einem Festmahl gleichkommt. Wenn man statt frischen gefrorene Cranberrys oder Pfirsiche verwendet, müssen sie erst aufgetaut werden, bevor sie zerstoßen werden können.

100 g frische Cranberrys
200 g Pfirsichstücke oder -scheiben
1 Limette, in Scheiben
2 Liter Mineralwasser

Die Cranberrys und die Pfirsiche in den Krug geben.

Die Früchte zerstoßen, um das Aroma im Wasser freizusetzen.

Die Limette und das Wasser hinzufügen.

Vor dem Servieren für 1 bis 8 Stunden kühl stellen.

Als Alternative zum Zerstoßen kann man die Beeren einzeln mit einem scharfen Messer anstechen.

Spritziges Mango-Kokosnuss-Wasser

Dieses tropische Aromawasser schmeckt mit süßen, reifen Früchten am besten. Wer eine frische Kokosnuss verwendet, kann auch die Kokosmilch hinzufügen.

    100 g frische Kokosnussstücke
    200 g Mango, in Stücke oder Würfelchen geschnitten
    2 Liter Mineralwasser

Die Früchte in den Krug geben.

Nach Belieben alles ein wenig zerstoßen. Dies ist nicht nötig, wenn die Früchte sehr reif sind.

Vor dem Servieren für 1 bis 8 Stunden kühl stellen.

Spritzige Aromawasser

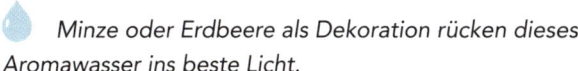

Minze oder Erdbeere als Dekoration rücken dieses Aromawasser ins beste Licht.

Spritziges Erdbeer-Ananas-Wasser

Ergibt 2 Liter   Vorbereitungszeit: 4 Minuten

Dieses süße und fruchtige Aromawasser feiert ein Fest im Mund. Man sollte die geschmacksintensivsten Erdbeeren aus der Schachtel verwenden, die daran zu erkennen sind, dass sie dunkelrot sind und keine weißen Stellen um die Kelchblätter haben. Die Ananasstücke sollten dunkelgelb sein.

200 g Erdbeeren, halbiert oder in Scheiben
    ohne Stängel und Blätter
200 g Ananasstücke
2 Liter Mineralwasser

Die Früchte in den Krug geben.

Die Früchte zerstoßen, um das Aroma freizusetzen.

Das Wasser hinzugeben und vor dem Servieren für 1 bis 6 Stunden kühl stellen.

Zur Dekoration kann man einige Beeren beiseitelegen und kurz vor dem Servieren dem Wasser hinzufügen.

Spritziges Apfel-Trauben-Blaubeeren-Wasser

Ergibt 2 Liter   Vorbereitungszeit: 7 Minuten

Jeder kann für dieses Rezept seine Lieblingssorte Äpfel und Trauben verwenden. Sowohl grüne als auch rote passen gut und schmecken zusammen mit den Blaubeeren fantastisch. Dieses Rezept kann man in jeder Saison verwenden. Es enthält viele Antioxidantien und hat einen süßen Geschmack. Wer keine frischen Blaubeeren findet, kann auch gefrorene verwenden.

1 Apfel, in Scheiben
100 g Blaubeeren
100 g Trauben
2 Liter Mineralwasser

Die Apfelstücke in den Krug geben und zerstoßen.

Die Blaubeeren und Trauben hinzufügen und ebenfalls zerstoßen.

Das Mineralwasser hinzugeben und vor dem Servieren für 1 bis 8 Stunden kühl stellen.

Wilde Aromawasser

173

n diesem Kapitel soll der Geschmack außer Kontrolle geraten. Essen sollte Spaß machen und wenn man Aromawasser zubereitet, das man gerne trinkt, spürt man nicht nur, wie sich die Gesundheit verbessert, sondern wie mehr Wasser und mehr Nährstoffe den Tag versüßen. Hier einige Beispiele wirklich lustiger und fruchtiger Kombinationen.

Einige dieser Rezepte sind von Süßigkeiten oder anderen Leckereien inspiriert. Man darf jedoch nicht erwarten, dass das Aromawasser eine exakte Kopie dieser Süßigkeiten ist. Sie sind nur in Anlehnung daran entstanden.

Wer ein paar Rezepte ausprobiert hat, kann sie verändern und so sein persönliches Lieblingsgetränk erfinden. Man sollte offen für Experimente sein, damit man sieht, was geschieht, wenn Zutaten gemischt werden. Wenn das Ergebnis nicht schmeckt, hakt man es als Erfahrung auf dem Weg zur Perfektion ab. Je mehr Geschmackskombinationen ausprobiert werden, desto mehr findet man heraus, was einem schmeckt.

Fruchtsaft

Seit den 1980er-Jahren gibt es den Kaugummi Juicy Fruit. Das Unternehmen hat nie preisgegeben, ob der Kaugummigeschmack eine Fruchtkombination ist – so wie dieses Rezept – oder das Aroma der Jackfrucht, die in Ländern wie Indonesien beliebt ist. Es gab neue Juicy-Fruit-Geschmacksrichtungen, aber das Original hat alle überdauert. Dies ist eine persönliche, geheime Mischung für Aromawasser. Man könnte sich fast in die Tropen versetzt fühlen, wenn man es mit einem Strohhalm trinkt.

1 Banane, geschält und in Scheiben
200 g Ananasstücke
1 reifer Pfirsich, entkernt und in Stücken
2 Liter Wasser

Die geschnittenen Früchte in den Krug geben.

Nach Belieben zerstoßen, um mehr Aroma zu erhalten.

Das Wasser hinzufügen.

Vor dem Servieren für 2 bis 8 Stunden kühl stellen.

Banana-Split-Wasser

Dieses Rezept hier ist für Aromawasser und nicht für Eis.
Der Geschmack ist eine sanfte Erinnerung an Banana Split.
Das Getränk hat alle Nuancen dieses tollen Geschmacks –
aber ohne die Kalorien.

1 Banane, geschält und in Scheiben
50 g Kirschen, entkernt und in Scheiben
1 TL Kakaoraspeln
½ TL Vanilleextrakt
etwas Stevia oder anderer Süßstoff (optional)
2 Liter Wasser

Die Früchte in den Krug geben.

Die Früchte zerstoßen.

Die anderen Zutaten hinzufügen.

Vor dem Servieren für 3 bis 6 Stunden kühl stellen.

Wilde Aromawasser

Honig & Hafer-Wasser

Ergibt 2 Liter   Vorbereitungszeit: 5 Minuten

Frühstückszerealien versüßen den Morgen, aber wer sagt, dass man sie nur zum Frühstück essen darf? Aromawasser mit unserem Lieblingsgeschmack zuzubereiten ist eine gesunde Art, die kleinen Freuden zu genießen, die wir uns sonst nur direkt nach dem Aufstehen gönnen.

- 150 g Haferflocken
- 100 g Honig (nutzen Sie braunen Reissirup als vegane Alternative)
- 1 Teelöffel Vanilleextrakt oder 1 Vanilleschote halbiert (optional)
- 2 Liter Wasser

Alle Zutaten in den Krug geben.

Vor dem Servieren für 3 bis 6 Stunden kühl stellen.

Karibische Limonade

Man stelle sich vor, man ist auf einer Insel, die Temperatur ist angenehm und man schlürft diese tropische Mischung. Mit diesem Rezept kann man den ganzen Geschmack der Insel genießen ohne den Zucker, der damit normalerweise verbunden wäre.

- 100 g Erdbeeren, in Scheiben
- 1 Mango, entkernt und in Scheiben
- 100 g Ananas, in Stücken
- 100 g frische Kokosnuss, in Stücken
- 2 Liter Wasser

Die Früchte in den Krug geben.

Nach Belieben zerstoßen.

Die Kokosnuss hinzufügen.

Das Wasser hinzufügen.

Vor dem Servieren für 3 bis 8 Stunden kühl stellen.

Wilde Aromawasser

Wundervolles Mandel-Wasser

Ergibt 2 Liter   Vorbereitungszeit: 5 Minuten

Für dieses Rezept sollten blanchierte Mandeln verwendet werden, damit sich die Mandelhaut ablöst und so im Wasser schwimmt, nachdem sie eingeweicht wurde. Wenn man die Haut entfernt, ist das Getränk weniger bitter, und es hat einen stärkeren Mandelgeschmack. Wenn man noch mehr Mandelgeschmack möchte, sollte die Mandel vorher in kleine Stückchen geschnitten werden, bevor man sie verwendet.

200 g Mandeln, blanchiert
50 g Kokosraspeln
100 g frische Kokosnuss
2 Liter Wasser

Alle Zutaten in den Krug geben.

Vor dem Servieren für 6 bis 12 Stunden kühl stellen.

Man kann die Zutaten zerstoßen, bevor man Wasser hinzufügt. Für einen noch stärkeren Geschmack kann man die Früchte in einer Küchenmaschine schlagen, ziehen lassen und vor dem Servieren filtern.

Explosive Frucht

Ergibt 2 Liter   Vorbereitungszeit: 3 Minuten

Amerikanisches Starburst gibt es in verschiedenen Geschmacksrichtungen. Nichts ist mit dem Gefühl vergleichbar, wenn man eines dieser Quadrate auspackt und genussvoll zu kauen beginnt, aber dieses Aromawasser schmeckt wunderbar nach wilden Früchten und wird nicht zwischen den Zähnen kleben.

    100 g Erdbeeren
    100 g Trauben
    100 g Kirschen
    1 Vanilleschote, halbiert
    2 Liter Wasser

Die Früchte und die Vanille in den Krug geben.

Ein wenig zerstoßen.

Alles mit Wasser bedecken.

Vor dem Servieren für 2 bis 12 Stunden kühl stellen.

Wilde Aromawasser

Danksagung

Man braucht ein ganzes Dorf, um ein Buch zu schreiben – selbst, wenn es ein relativ kurzes Rezeptbuch ist. Mein Dank gilt Brian Hurley und dem wundervollen Callisto Media Team. Judith Bruce für einen tollen Ort zum Leben. Meine Schüler und Fans – ihr inspiriert mich, Neues zu kreieren. Und ein riesiges Dankeschön geht an meine Eltern, die mich immer ermutigt haben, Freude am Kochen zu haben, gesundes Essen wertzuschätzen, und die meine ersten Lehrer waren, die mir gezeigt haben, wie ich die besten Lebensmittel auswähle. Eure Liebe steckt in allem, was ich tue.

Quellen

Bücher

Wood, Rebecca. *The New Whole Foods Encyclopedia: A Comprehensive Resource for Healthy Eating.* Penguin Books, 1999.

Artikel und Webseiten

Answers.com. »Cucumbers, Melons and Other Cucurbits.« Accessed July 3, 2014. http://www.encyclopedia.com /doc/1G2-3403400167.html

Davis, Jeanie Lerche. »Cranberries: Year-Round Superfood.« WebMD. Accessed July 3, 2014. http://www .webmd.com/food-recipes/features/cranberries-year -round-superfood

Guilford, Carolyn. »The Skinny on Stevia.« *Savannah Morning News.* April 15, 2014. ProQuest. Accessed June 10, 2014.

HealthAlternatives.com. »Vitamin Chart.« Accessed July 3, 2014. http://www.health-alternatives.com/vitamins -nutrition-chart.html

Hendrick, Bill. »Cocoa Rich in Health Benefits.« WebMD. Accessed July 3, 2014. http://www.webmd.com/diabetes /news/20110323/cocoa-rich-in-health-benefits

Huff, James, Michael F. Jacobson, and Devra Lee Davis. »Aspartame Bioassay Findings Portend Human Cancer Hazards.« *International Journal of Occupational and Environmental Health* 13, no. 4 (Oct.–Dec. 2007): 446–48.

Institute of Medicine. »Dietary Reference Intakes: Water, Potassium, Sodium, Chloride, and Sulfate.« Accessed July 3, 2014. http://www.iom.edu/Reports/2004 /Dietary-Reference-Intakes-Water-Potassium-Sodium -Chloride-and-Sulfate.aspx

Kadlovski, Shannon. »Coco-Nutty: Are Coconuts Good for You?« Huffpost Living. Accessed July 3, 2014. http://www.huffingtonpost.ca/shannon-kadlovski /coconut-recipes_b_2573556.html

MacPherson, Kitta. »Sugar Can Be Addictive, Princeton Scientist Says.« Princeton University News. Accessed July 3, 2014. http://www.princeton.edu/main/news /archive/S22/88/56G31/index.xml?section=topstories

Margen, Sheldon and Dale A. Ogar. »Fresh or Dried, Figs Are Nearly Perfect Fruit.« *LA Times*. Accessed July 3, 2014. http://articles. latimes.com/1999/jan/11/health/he-62368

Mayo Clinic. »Organic Food: Is It More Nutritious?« Accessed July 3, 2014. http://www.mayoclinic.org /healthy-living/nutrition-and-healthy-eating/in-depth /organic-food/art-20043880?pg=2

Med-Health.net. »Coconut Meat.« Accessed July 3, 2014. http:// www.med-health.net/Coconut-Meat.html

MedlinePlus. »Antioxidants.« Accessed July 3, 2014. http://www.nlm.nih.gov/medlineplus/antioxidants.html

National Cancer Institute. »Antioxidants and Cancer Prevention.« Accessed July 3, 2014. http://www.cancer .gov/cancertopics/factsheet/prevention/antioxidants

NutritionFacts.org. »Fresh Fruit Versus Frozen—Which Is Better?« Accessed July 3, 2014. http://nutritionfacts.org /questions/fresh-fruit-versus-frozen-fruit-which-is -better/?

Quellen

Obenschain, Chris. »Wondrous Ways that Water Can Improve Your Health.« *U.S. News*. Accessed July 3, 2014. http://health.usnews.com/health-news/articles
/2012/07/17/wondrous-ways-that-water-can-improve
-your-health

Organic Facts. »Health Benefits of Organic Food.« Accessed July 3, 2014. http://www.organicfacts.net
/organic-food/health-benefits-of-organic-food.html

Schomer, Stephanie. »The Sweet Lowdown: Exposing the Unhealthy Truth About Sugar.« Oprah.com. Accessed July 3, 2014. http://www.oprah.com/health/Health
-Risks-of-Sugar-Robert-Lustig-Interview_1

Shapley, Dan. »The New Dirty Dozen: 12 Foods to Eat Organic.« *Good Housekeeping*. Accessed July 3, 2014. http://www.good-housekeeping.com/recipes/healthy
/dirty-dozen-foods#slide-2

Shaw, Gina. »What Are the Best Sources of Drinking Water?« WebMD. Accessed July 3, 2014. http://www
.webmd.com/diet/features/best-sources-drinking-water

WebMD. »Vanilla.« Accessed July 3, 2014. http://www
.webmd.com/vitamins-supplements/ingredientmono
-206-VANILLA.aspx?activeIngredientId=206&active
IngredientName=VANILLA

Weil, Andrew. »Organic Foods Have More Antioxidants, Minerals.« Weekly Bulletin. Accessed July 3, 2014.
http://www.drweil.com/drw/u/WBL02077/Organic
-Foods-Have-More-Antioxidants-Minerals.html

William Mitchell College of Law, Public Health Law Center. »Sickly Sweet: Why the Focus on Sugary Drinks.« Accessed July 3, 2014.
http://publichealthlawcenter.org
/sites/default/files/resources/phlc-fs-Healthy%20
Bevs_Sickly%20Sweet%20June%202013.pdf

Quellen für Equipment und Zutaten

Kostenlose Früchte

- http://mundraub.org/
- http://frucht-fliege.blogspot.co.at/

Liste von Bio-Bauern mit Ab-Hof-Verkauf

- https://www.regionales-bayern.de/
- http://biodukte.de/
- http://www.hofladen-bauernladen.info/
- http://www.demeter.at/tl_files/demeter/abHofVerkListe_1214.pdf (Demeter-Höfe in Österreich)
- http://www.demeter.de/verbraucher/landwirtschaft/unsere-hoefe (Demeter-Höfe in Deutschland)
- http://www.demeter.ch/suche/hoefesuchen.php (Demeter-Höfe in der Schweiz)

Regionale Lebensmitteleinkaufsgemeinschaften

- http://foodcoops.at/ (Food-Coops in Österreich)
- http://www.foodcoops.de/ (Food-Coops in Deutschland)

Deutschlandweite Biokisten

- http://bringmirbio.de/
- http://www.deinbiogarten.de/
- http://www.biodirekt.de/
- http://www.oekokiste.de/

Krüge für Aromwasser

Krüge für Aromawasser sind eine gute Investition – dadurch ist es einfacher, Aromawasser oder andere Getränke herzustellen. Sie werden Ihnen Zeit und Nerven sparen. In vielen Fällen werden Sie mit dieser Art Krug außerdem am meisten von der Frucht bekommen.

Rezepte-Index

Zutaten-Index